足球训练完全图解
完美控球技术

（全彩图解修订版）

[德] 彼得·施赖纳（Peter Schreiner）著　陈柳 译

人民邮电出版社

北京

图书在版编目（CIP）数据

足球训练完全图解. 完美控球技术 ： 全彩图解修订版 /（德）彼得·施赖纳（Peter Schreiner）著；陈柳译. -- 2版. -- 北京 ： 人民邮电出版社，2020.8
ISBN 978-7-115-52971-8

Ⅰ. ①足… Ⅱ. ①彼… ②陈… Ⅲ. ①足球运动—运动训练—图解 Ⅳ. ①G843-64

中国版本图书馆CIP数据核字(2020)第027910号

版权声明

Original Title: Fußball – Perfekte Ballbeherrschung
Aachen: Meyer & Meyer Verlag 2009

内 容 提 要

　　在现代足球比赛中，运动员的各项技能都要面对时间的考验和对手的施压。足球运动员们几乎没有充足的时间能够冷静地接球、运球、传球或者射门，他们往往只有具备了在跑动中快速且安全地控球的能力才能踢出漂亮的球。但是，完美控球并不仅始于运动员脚下控球的时候，也经常发生在比赛的过程中和面对对手时。

　　本书通过320余幅照片和插图讲解了110多项个人和团队的技术训练，内容涵盖初次触球准备、第一次触球、运球、假动作、传球、交叉跑动和射门等各个阶段的控球技术。每章都以清晰的理论指导开篇，为团队高效的集中学习和个人训练提供了宝贵的指导信息。

◆ 著　　　[德]彼得·施赖纳（Peter Schreiner）

　　译　　　陈柳

　　责任编辑　裴倩

　　责任印制　周昇亮

◆ 人民邮电出版社出版发行　　北京市丰台区成寿寺路 11 号
　　邮编　100164　　电子邮件　315@ptpress.com.cn
　　网址　https://www.ptpress.com.cn
　　廊坊市印艺阁数字科技有限公司印刷

◆ 开本：700×1000　1/16
　　印张：12.5　　　　　　　　　　2020 年 8 月第 2 版
　　字数：229 千字　　　　　　　　2025 年 11 月河北第 16 次印刷
　　著作权合同登记号　图字：01-2015-8073 号

定价：59.80 元

读者服务热线：(010)81055296　印装质量热线：(010)81055316
反盗版热线：(010)81055315

目录

前言

现代足球比赛要求运动员在时间和对手的压力下能发挥各项技能。运动员几乎没有机会冷静地接球、运球、传球或者射门，他们往往只有在跑动中快速且安全地控球才能踢出漂亮的比赛。

完美控球并非仅出现在运动员脚下控球的时候；在比赛的过程中和对抗对手时往往也可以看到完美的控球。在第一次触球前，运动员必须通过获取信息的方式来做好接球的准备，同时在瞬间做出适合特定比赛情形的跑动判断（预判）。他的决策以及打法决定了球队是否能够取得比赛的胜利。

完美控球可以分成4个阶段。

1. 做好初次接触球的准备（感知、跑向自由空间、采取一个合适的身体位置）。

2. 第一次触球。

3. 控球跑动（运球、假动作）。

4. 最后动作（传球、横传和射门进球）。

阶段1：做好初次接触球的准备

在足球比赛中，运动员可以利用几种信号来评估比赛情形并采用灵活的战术。因此，运动员必须做好第一次触球的准备，以便安全地控制球和对手。这包括采用适合比赛的开放身体姿势；身体保持平衡并做好第一次触球的准备。

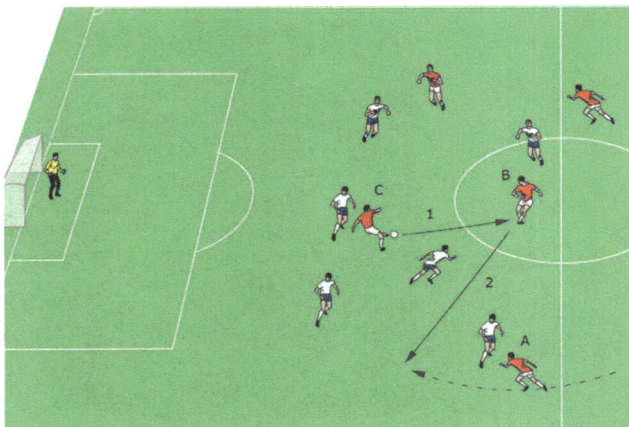

阶段2：第一次触球

运动员根据感觉接停球，同时在控球后将球直接传给队友或者射门进球。第一次触球必须是有目的的。运动员要准备好带球的动作，同时考虑接下来跑动的方向。

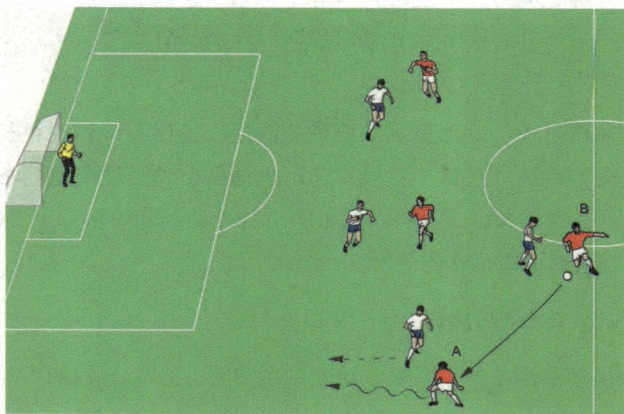

阶段3：控球跑动

控球后运动员必须掩护球，以便确保自己球队的控球权。如果比赛中出现防守漏洞，那么运动员可以选择控球或者快速运球并做好向队友传球或射门的准备。在必要的情况下，他可以采用假动作摆脱对手。

阶段4：最后动作

在最后控球阶段，运动员必须迅速决定接下来的带球动作，同时决定由个人还是与队友一起完成动作。运动员必须通过大量的练习才能具备恰当的力量感来完成接球、传球、横传或者射门动作。只要出现一丁点错误，运动员对球的作用力就会立刻出现不同（例如，在错误的时间踢了球的错误位置或者踢球用力过猛），从而导致失球。运动员必须适应随着球进行跑动，从而培养自身的球感。球感是一项非常重要的足球技能。

本书包含基本的理论和经过反复测试的有效训练方法。这些内容有助于运动员学习如何控制身体的姿势、控球的方式和防守进攻的对手。

第 1 章　培养和提高球感

1.1　平衡感——完美控球的关键

克里斯蒂亚诺·罗纳尔多（Cristiano Ronaldo）和罗纳尔迪尼奥（Ronaldinho）等顶尖运动员可以在极端压力的情况下以最快速度在地面和空中控球。这要求他们具有出色的协调性，特别是超常的平衡能力。运动员必须根据他的身体动作不断调整力量。在跳跃、转身和被对手拦截时必须具备良好的身体感知和快速的动作控制。

顶尖运动员不会在猝不及防的情况下被拦截抢球，同时他们会在不失去平衡且适应压力的情况下进行跑动。

平衡问题同时也意味着控球问题！

缺乏平衡会导致不稳定性和技术问题。诸如站立时脚的位置等微小偏差也会造成明显的差异。

- 要么快速且安全地控球，要么丢球。

- 要么准确地对角传球，要么错失反攻机会。

- 要么准确地横传，要么将球踢到球门后方。

- 要么射门进球，要么击中门柱。

漂亮的足球技巧始于脚下，因此在较软的表面上训练对于培养运动员技术的准确性至关重要。

1.2 感知——控制身体姿势和准确移动的基础

只有运动员能够快速且准确地观察环境和身体时，他们才可以让自身的身体姿势、跑动和足球技术适应不断变化的比赛情形。因此，感知是完美控球的基本前提。

关于感知，最重要的是眼睛。眼睛可以接收球、对手和队友运动等重要的视觉信息。耳朵不仅可以接收到诸如哨子、喊叫和踢球声等听觉信号，同时内耳还可以提供运动员自身身体转动和跑动速度的信息。这些是运动员保持动态平衡必不可少的信息。

漂亮的足球技巧要求运动员具备运动觉和本体感觉。运动员可以通过皮肤的压力变化知道身后的对手正在进行的动作。

想要拥有准确的踢球技术必须掌握关节的速度和角位置，特别是运动员观察球或者队友跑动时。可以根据肌肉、肌腱和韧带所提供的信息完善自身的内在姿势。运动员拥有了快速且准确的内在感知才能实现恰当地控球。

哪里是平衡的起源？

- 平衡感——前庭器官。

- 在肌肉和肌腱（运动觉"分析仪表"）、张力、变化以及长度等方面。

- 姿势和惊吓反射保证正常的身体姿势和平衡。

- 触觉分析器（振动、表面类型、压痕深度、姿势感和空间感知）。

- 视觉分析器（眼睛）、预感——在复杂的跑动中特别重要。

- 在神经系统中枢进行处理（自发运动协调——完成目标运动）——与以前的经验进行比较。

平衡训练可以锻炼运动稳定性、姿势稳定性和身体自信，从而实现更好的技术。

姿势稳定性

身体姿势越稳定越有利于运动员成功地拦截抢球，在面对对手拦截时实现准确的传球和射门。经验丰富的运动员可以预感身体接触以及对手对身体施加的影响，从而避免自身失去平衡。增强力量和提高肌肉间的协调性也可以改善这个能力。

自信

本体感受训练可以增强运动员对自己身体和体能的自信，以便应对各种不同的比赛要求，特别是备受关注的运动员拦截抢球的能力。

如何进行本体感觉训练？

本体感觉训练体现在运动意识、关节位置和肌肉张力方面。

运动感

虽然运动员无法看到自身腿部的运动，但是他们可以感觉到运动。他们可以通过关节的运动感来控制和调节预判的运动顺序。

位置感

在踢球时，运动员可以通过关节的位置感设定踝关节的位置。他们可以在不看着脚的情况下感觉到脚的位置，同时控制自身踢球的技术。运动员还可以通过位置感来感知和控制身体在空中的位置。

力量感

肌肉张力的反馈和身体肌肉张力的关系可以补充说明四肢的运动感和姿势感。

3种平衡类型

静态平衡

静态平衡包括在相对静止或者没有改变位置的缓慢运动中保持和恢复平衡。

动态平衡

跳跃、转动和快速的方向改变要求良好的动态平衡。

对象平衡

对象平衡包括在保持对象平衡时掌控或移动对象。

平衡训练是儿童、青少年以及专业运动员的训练课程中必不可少的一个部分。

1.3　练习：肌肉运动感知和平衡训练

1.3.1　个人带球训练

地面球——在球的周围摆动脚的动作（圆圈或八字形）。

使用脚在地面（左右或前后）移动球。

左右

前后

在固定的位置保持球的平衡。

颠球（大腿和脚背）。

1.3.2 搭档带球训练

使用（左/右）脚内侧沿着地面传球。

使用脚内侧传球

单脚（左脚或右脚）站立 +（根据不同的距离，大约是 3 米）双手投球和接球。

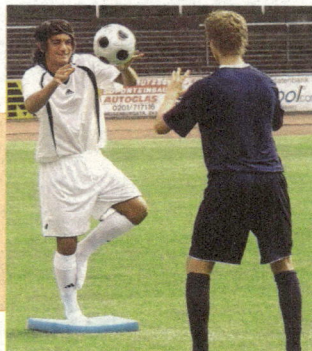

朝不同的方向投球
● 朝胸部。
● 朝左边和右边。
● 达到膝盖高度。

接球和投球

控球（胸部、大腿、脚背和头部）+ 接球和回传球。

胸部

大腿

头部

变化：

接停球（胸部、大腿和脚背）+ 回传球。

凌空抽射（脚内侧、脚背和髋内）和头球。

变化：

两名运动员采用头球进行训练。

脚内侧

头球

1.3.3　团队训练

3人组（1名运动员站在垫子上，3人呈90°）

2名运动员轮流向站在中间的搭档投球。站在中间位置的运动员可以将球直接回传或者在控球后回传。

控球技巧：

胸部、大腿、脚内侧和脚背。

传球技巧：

脚内侧、脚背和髋内翻踢。

3人组（1名运动员站在垫子上，3人呈180°）

站在中间位置的运动员以180°转身。

控球技巧：

胸部或大腿。

传球技巧：

脚内侧、脚背、髋内和头部。

3人组（所有的运动员都站在垫子上）

3名运动员以三角形阵式站在垫子上相互传球。

- 传球——用头部将球传给下一名运动员——接球。

- 传球——用脚内侧（凌空抽射）将球踢给下一名运动员——接球。

- 传球——用髋内翻踢（凌空抽射）将球踢给下一名运动员——接球。

针对高水平运动员的变化

- 在三角形阵式中直接以头球传球。

- 直接使用脚内侧踢球。

- 在三角形阵式中颠球。

1.3.4　对手拦截抢球

　　在比赛中，运动员会不断面对对手的拦截抢球，因此他们必须快速且全神贯注地应对挑战。良好的身体感知和快速的运动控制是运动员实现安全控球、传球或者射门的必要条件。运动员必须在训练中学会感知、预判和消解压力。

　　运动员在（胸部或大腿）接停球后将球回传给搭档。

　　（使用脚内侧、脚背、髋内翻踢或头部）直接将球回传给搭档。

1.4　颠球

1.4.1　基础理论

为何颠球在足球训练中如此重要？

- 颠球可以培养带球的灵活性和技巧。
- 颠球训练可以培养运动员使用不同的身体部位在空中控球。
- 颠球可以培养球感（运动觉分化），这是掌握高球技的关键所在。
- 运动员通过颠球学会自身动作协调。
- 颠球可以培养协调性（平衡能力、连接能力、感知能力和反应能力）。
- 颠球培养专注力。

颠球的训练目的

- 双脚颠球。
- 做连续颠球动作并尽可能不让球接触地面。
- 使用双脚、大腿、胸部和头部触球，以培养创造力。在个人训练中，运动员的训练目的是不断提高身体不同部位接触球的次数。

不能只是单纯地训练颠球，必须在足球训练过程中训练颠球，因为在快节奏的现代足球比赛中不会出现纯粹的颠球机会。

1.4.2　学习颠球

1.4.2.1　平衡

专业运动员不仅会漂亮地颠球，同时还能随时使用身体其他部位接球并保持平衡，从而停住球和缓冲球的冲力。

学习阶段

- 使用脚滚球并采用胫骨一侧的脚背停接球是一个不错的预备训练。不要让球滚向一侧。

- 一旦运动员能够使用脚背安全地保持球的平衡，他可以尝试向球的方向摆动脚并以减缓球速的方式来停球，再次传球前稍稍停住球。运动员只需稍加训练就可以使用脚背接停球，同时用脚保持球的平衡。快速从一只脚转换到另一只脚进行训练也是非常厉害的技巧。

培养球感

- 脚的球感。
- 大腿的球感。
- 头部的球感。
- 背部（肩膀）的球感。

肩膀的平衡

这个训练特别与众不同，因为运动员无法看到球。将球放在肩膀上，同时集中注意力体验球感。接下来稍微将球往上顶起并在头部和颈部的协助下使用肩膀接住球。球沿着后脑勺快速向下滚到颈部和肩膀。

1.4.2.2　初学者的个人训练

　　下面的训练可以培养运动员使用指定身体部位踢高球的感觉。使用双手传球或者向运动员投球的训练是最简单的。

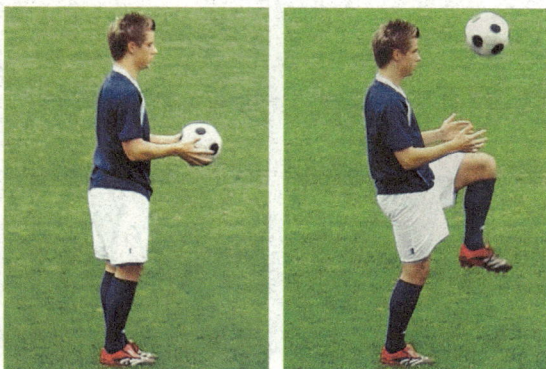

高投——大腿
- 将球高高地投出并使用大腿踢球和停接球。
- 频率次数：
  10次右腿/10次左腿/交替10次。

失误

- 大腿没有保持90°（L定位）。
- 球抛得太高。
- 上身过于接近球。
- 传球时没有控球或者传球太高超过了头部。
- 站立脚缺少稳定性，同时运动员身体摇摆不定。

高抛——前额
- 双手将球抛到头顶上方约45厘米处。
- 使用前额接停球和传球（10次）。

手扔球并使用脚背踢球
- 双手放开球或者将球稍微向上抛出。
- 在球触地前使用脚背将球往上踢起并停住球。
- 频率次数：10 次右脚 /10 次左脚 / 交替 10 次。

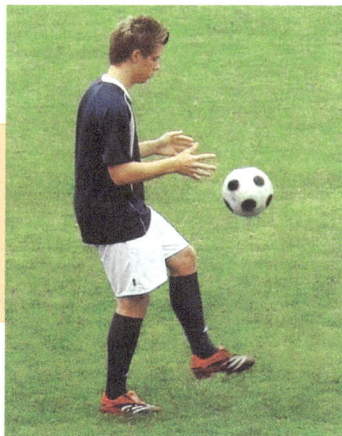

在球触地后使用脚背颠球

- 将球向上抛，让球从地面反弹起来，再使用脚背将球向上踢起，接着双手接住球。
- 每次球触碰到地面时要尽可能使用脚背将球踢起。

1.4.2.3　高水平运动员的个人训练

接停球组合

运动员按照预定顺序的其中两种使用大腿、头部和脚触球，然后再接停球。

- 脚—大腿。
- 脚—头部。
- 头部—大腿。
- 头部—脚。
- 大腿—头部。
- 大腿—脚。

运动员按照预定的顺序
使用大腿、头部和脚轮
流踢球

3种顺序

- 脚—大腿—头部。
- 脚—头部—大腿。
- 大腿—头部—脚。
- 头部—大腿—脚。

采用地面接触和前进运动方式颠球

- 在向前移动中采用脚背将球踢高。
- 在每次触球后球从地面反弹起来。

在球不触到地面的情况下颠球

运动员必须用尽可能多的方式颠球……

- 使用脚背颠球（只使用右脚/只使用左脚/双脚交替）。
- 使用大腿颠球（只使用右腿/只使用左腿/双腿交替）。
- 使用头部颠球。
- 根据需要使用脚背、大腿和头部颠球。
- 按照预先安排的组合使用脚背、大腿和头部颠球。

如果球掉到地面，运动员可以单脚将球往后拖动来将球托起，这样球就有了滚动到脚背或脚趾的冲力。运动员可以在接下来的动作中将球挑起，然后再次进行颠球。

1.4.2.4　搭档和分组训练

简介

为了确保学习进程的持续性，用搭档和分组形式来训练球感和控制托球也是一种不错的方式。运动员可以采用必要的变化、激励和专注来"对抗引力"。个人训练所掌握的基本颠球技术是进行分组和搭档训练的前提。

用手传球

- 两名运动员间距2~4米面对面站立，同时使用脚背来回传球。
- 运动员使用大腿、胸部或头部接停球。
- 接着，运动员用手接球并使用脚背将球回传给自己的搭档。

传球但不接球

- 运动员使用脚背在彼此之间来回传球。
- 运动员使用大腿或胸部接停球。
- 运动员尝试在双手不触碰到球的情况下进行传球。
- 变化：在将球回传给自己的搭档时，运动员可以使用脚、大腿和头部完成几次颠球。

分组和改变位置颠球

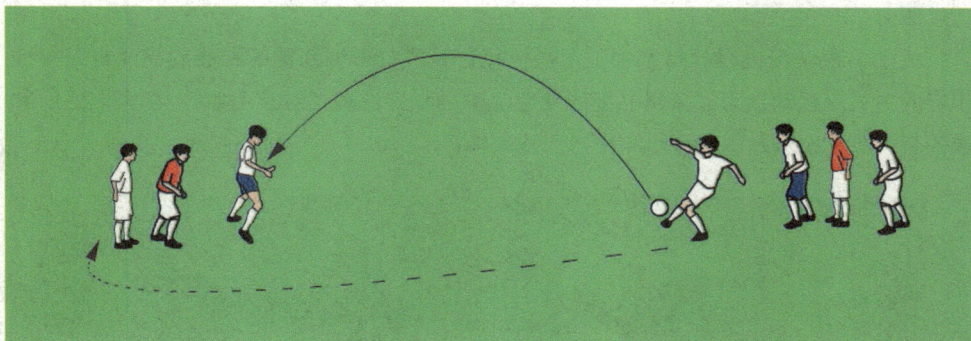

训练过程

第一名运动员使用脚背将球踢给对面的运动员，接着跑到球的后方，然后站在对方组里。接下来的运动员快速使用大腿或胸部接停球，然后在完成2~3次颠球后将球回传到另一组。运动员在接停球和颠球时身体必须在球的后方。

在圆圈中颠球

训练过程

一名运动员站在圆圈的中间。每个球都由外面的运动员回传给中间的运动员。

阶段1

中间的运动员抛球；搭档快速接停球（可能是2~3次颠球）并将球回传给中间的运动员。

阶段2

中间的运动员不再使用双手接球，而是使用胸部、大腿、脚或头部接停球，接着再用脚将球回传给外面的运动员。

1.4.2.5　颠球比赛

a）没有球网的足球练习——1v1

"没有球网的足球"比赛非常易于理解、易于组织且高效——特别是在技术训练方面。可以在比赛场地或者任意场地上进行个人或团队比赛。

训练重点

- 准确且规则地踢球。
- 控制接停球。
- 采用战术定位打法，以便对比赛场地进行尽可能多的防守。
- 根据球的飞行路线不断改变运动员自身的打法、位置。
- 及时适应新的打法、位置，以便在触球前尽可能站在球的后方。
- 对对手的动作做出快速反应。
- 有目的地发现对手的定位失误。

设备要求：4个锥桶，同时每对运动员带1个球。

比赛规则

- 比赛一开始使用脚背将对方手中抛过来的球踢出去。
- 抛出的球必须至少达到头部的高度，同时在比赛场地中只可以反弹一次。
- 在球反弹后，脚、大腿或头部只可以触球一次，同时再次传出的球必须达到头部的高度。
- 在每次出现失误时（球出界或者高度过低或者两次触球），对方运动员可得一分，同时获得控球权。
- 最先获得15分或者在预定时间内（如2~5分钟）得分多的运动员赢得比赛。

这个小比赛有利于运动员提高注意力和球感。

变化1

在球反弹后，要尽可能在将球踢向空中前按照要求使用脚、大腿或者头部触球。

变化2

球不可以触地反弹。

3名运动员一起练习，不使用球网

3名运动员按照预定顺序传球。无法传球的运动员扣1分。如果运动员被扣掉5分，那么他就出局。

没有球网的足球练习——2v2

运动员在开始练习前分别编号为1~4，同时必须按照一定的顺序踢球，确保每名运动员都参与练习。

b）足球循环

"足球循环"比赛的规则非常有弹性，它适用于任何年龄阶段和能力水平的运动员，包括初学者的专业运动员。这个比赛不需要很大的空间，而且运动员可以在室内和户外练习比赛。同时可以在比赛场地进行比赛和淘汰赛。但是，在计分前必须先练习基本的技巧。

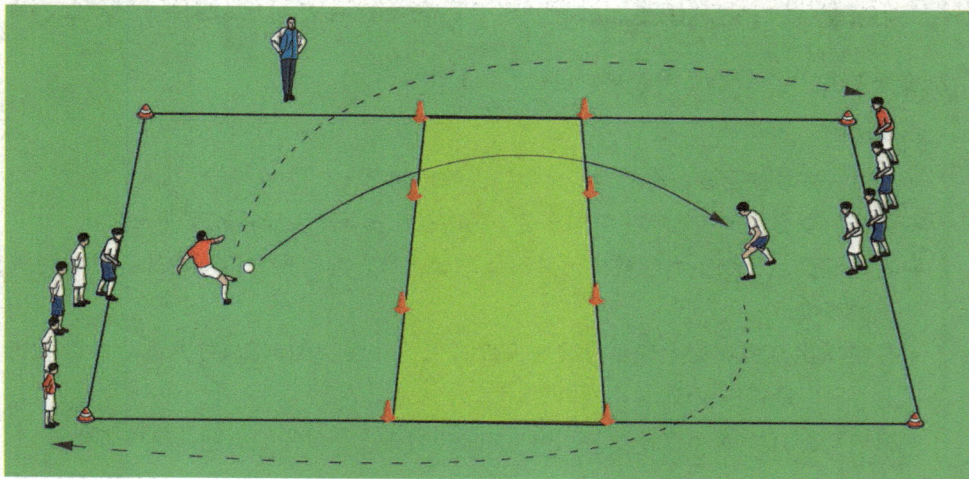

比赛场地

- 可以根据运动员的年龄和能力以及训练的重点设定比赛场地的大小。基本的场地尺寸是5.5米×11米。
- 场地上没有球网，只有使用锥桶或其他训练器材标识的大小为2米×4米的禁区。

针对初学者的规则

- 场地A的第一名运动员使用脚背将用手抛过来的球踢过中场。
- 球的高度必须达到运动员的头部。
- 场地B的第一名运动员接球。如果他成功接球，那么他可以将球踢向场地的另一个半场。如果球掉到地上，那么他的总分要减去1分（根据目标设定为2~10分）。
- 在每次踢出高球后，运动员按照顺时针方向跑向另一边。
- 最先丢掉所有分数的运动员输掉比赛，接着重新开始比赛。

执教技巧

运动员必须获得尽可能多的分数，这样可以确保比赛的重点是娱乐而非获胜！

变化：球可以反弹一次

在运动员停球前，球必须在对方的比赛场地反弹一次。在球反弹后，运动员可以在停球前使用脚、大腿或者头部传一次球。

针对高水平运动员的规则

这个规则同样适用于初学者。在球反弹到场地的另一边后，在比赛场地B的第一名运动员在不使用双手的情况下传球。

首先他必须按照要求尽可能多地触球。但是，建议尽可能快地将球传到场地的另一边。

获胜者

- 获得分数最多的运动员。
- 留下来的两名运动员，谁赢得比赛？他们两人进行比赛，轮流将球传到场地的另一边并最终决出获胜者。每一次失误意味着对手获得1分。谁最先获得2分呢？
- 谁是最先赢得3场比赛的冠军呢？

针对专业运动员的规则

这个规则同样适用于初学者和高水平的运动员。球不可以触地。运动员必须计算球的飞行路线，同时快速跑向球可能的落点，然后使用脚、大腿或者头部接停球或使用脚背或脚内侧直接将球回传到比赛场地的另一边。

变化

- 只可以2次触球（在接球和回传球时）。
- 只有在触球后才可以传球。

获胜者

- 每名运动员一开始只有1分。一次失误，运动员就出局。
- 留下来的两名运动员，谁赢得比赛？他们两人进行比赛并最终决出获胜者（参考针对高水平运动员的规则！）。谁是最先赢得3场比赛的冠军？

执教诀窍

在这个变化中，每个比赛场地的运动员不能超过5名。因此，教练必须设置几个比赛场地，以确保尽可能多的运动员参加比赛。

1.4.2.6　拨球

引人入胜的颠球技巧要求运动员具备出色的球感。必须准确且灵活地托球，同时尽可能快地弥补自己的失误。

拨球同样是很难掌握的技巧。

什么是拨球

足球运动员在颠球时不可以用手捡球。可以使用特定的技巧滚球、托球或传球。这里托球的方式就是拨球。非支撑腿先触球，另一条腿作站立腿。

a）上滚

训练过程

将球放在身体前面30~45厘米的位置，用非支撑腿的脚底将球回拖到脚背上，接着以一次或两次触球的方式将球托起和接停。

执教技巧

● 根据运动员的能力，建议在初步训练中使用单脚来回拖球。

● 也可以换腿（站立腿）练习滚球。

失误

● 球的位置距离站立腿太近，使脚底无法充分接触到球。

● 球向上滚的速度太慢。

● 托球的速度太慢。

● 非支撑腿和站立腿都是直立的。

b）颠球

训练过程

双脚以肩膀的宽度分开站立，同时脚尖斜对着。球位于双脚之间。脚尖快速将下面的球往里面带起，接着将球旋转到空中。

失误

- 双脚没有同时触球。
- 脚的动作太慢。
- 身体的重心位置太靠后。

c）脚后跟挑球

训练过程

在脚后跟挑球训练中，单脚将球沿着小腿向上滚动。接着脚后跟快速放开球并将球传到地面，同时脚稍微向前移动。球会反弹到地面上，同时做好颠球的准备。

执教技巧

如果稍微旋转一下球，那么球会稍微向前弹起，这样就可以使用脚背轻松地托球和颠球。

d）脚背挑球

训练过程

　　脚背挑球是钩球的变化方式。运动员将球沿着小腿向上滚动，接着稍微将球向后拖。现在，运动员换脚，同时使用站立腿后面的脚背触球。这样运动员就可以将球旋转到地面上，同时快速将球转化为高弹球。接着，运动员可以使用脚背将球托起并开始颠球。

e）马拉多纳式挑球

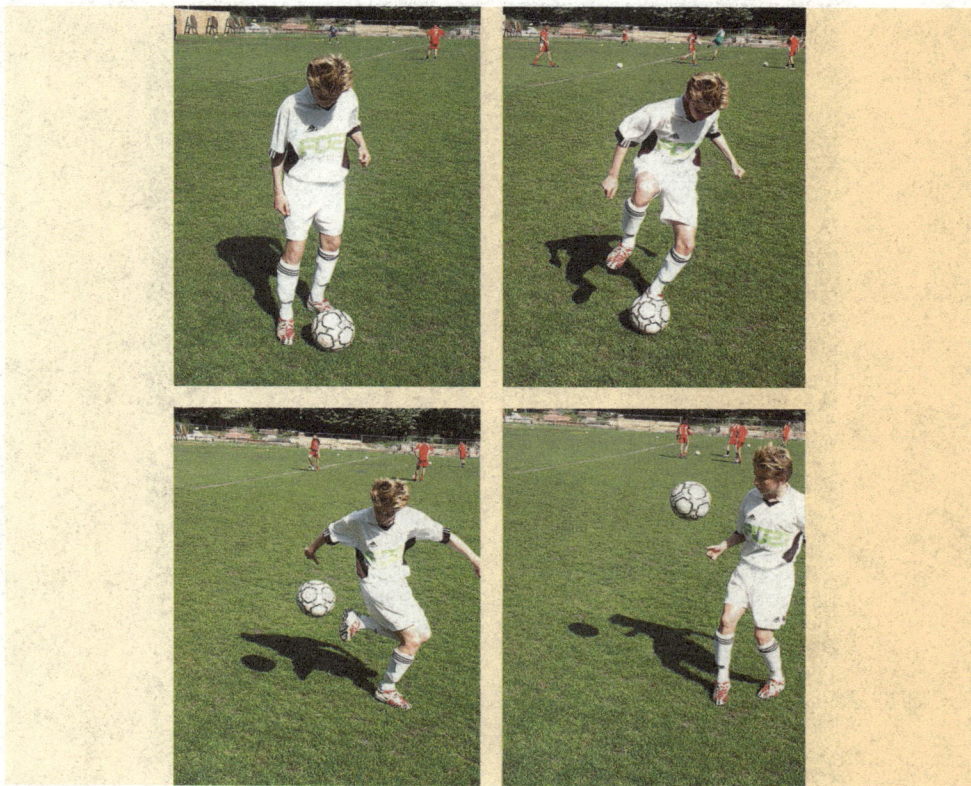

训练过程

这是一种绝妙的托球方式。将球放在运动员前面的地面上，运动员摆动非支撑腿（这里是右腿），同时脚后跟将球带回到站立腿。运动员在移动非支撑腿时使用另一只（左）脚将球托起。这个动作必须非常快速且连续，否则球就无法达到足够的高度。接着，运动员可以立刻进行颠球。

失误

- 双腿过于靠近或者间距太宽。
- 脚后跟的踢球力度不够。
- 脚背摆动幅度不够或者摆动的时机不对。

f）任意球

训练过程

　　将球放在运动员前面，运动员向前摆动非支撑腿（这里是右腿）并踢球。运动员使用射门常用脚稍微旋转球并将球托起进行传球。接着，运动员使用脚背接住落下来的球并开始颠球。

第 2 章 控球

2.1 基本理论

现代足球比赛紧张的节奏让运动员没有时间在停球并环顾四周后再执行接下来的动作。运动员要在跑动过程中停球，同时决定下一个动作（运球、传球、横传或者射门）。第一次触球至关重要，因为运动员在第一次触球时必须根据比赛情形的要求做好下一个动作。

- 保留控球权和运球。

- 直接传球或者在第二次触球时传给队友。

- 横传或者直接射门。

等待接球时，运动员必须观察比赛情况，同时快速认识到自己接下来的动作，以便能够在接球前做出正确的战术决定。

接球队员在接球前应该怎样做？

- 快速意识到与比赛情形相关的所有重要信息。

- 与传球球员保持眼神交流，同时定位自由空间。

- 明智地选择跑向开放的空间（跑离对手，同时直接跑向球而不是等待接球），这样可以（在跑动中）实现传球。

- 使用假动作跑动来欺骗对手，以便能够实现停接球并尽可能让对手没有机会拦截抢球。

- 确保在第一次触球时保持平衡。

- 采用适应比赛情形的开放身体姿势。

- 找到最佳的跟球动作，同时掩饰自身的真实意图。

身体姿势（开放式、封闭式）

封闭式身体姿势
（身体面向球，运动员无法看到进攻方向的其他运动员 ）。

开放式身体姿势
（运动员可以看到球，身体对着球的方向，同时还可以看到场上大部分的情况并确定对手的位置 ）。

2.2　练习：训练的重点是控球

2.2.1　控制地面球

使用脚内侧/外侧接住低球和带着低球跑动

带球跑动的方向

- 斜着向前跑。
- 向左边和右边90°跑动。
- 斜着向后跑。

带球斜着向前跑

设置

2个锥桶间距4~7米，1个球和2名运动员。

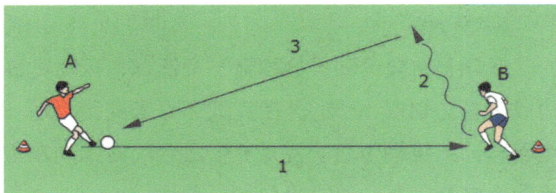

训练过程

运动员A快速将球传给运动员B，运动员B使用脚内侧控球并带球向前（左边或右边）跑动。在完成2~3米跑动后，运动员B将球回传给运动员A，同时跑回自己的锥桶位置。完成5个回合的右脚向左方传球，再完成5个回合的左脚向右方传球。接着，运动员交换位置。

变化

- 在控球前，运动员走向/跑向球。
- 运动员在控球前可以假装快速跑向相反方向（佯装跑动）。
- 使用脚外侧控球。
- 在运动员身后添加一名对手。

将球带到一侧

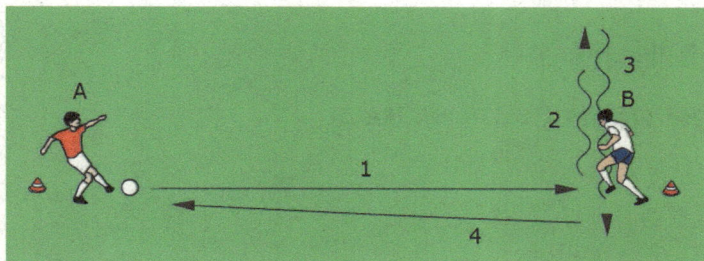

设置

2个锥桶间距4~7米，1个球和2名运动员。

训练过程

运动员A向运动员B踢出一个低球，运动员B使用脚内侧控球并将球带到一侧（左边或者右边90°位置）。在完成2~3米的跑动后，运动员B将球回传给运动员A，同时跑回自己的锥桶位置。完成5个回合的右脚向左方传球，再完成5个回合的左脚向右方传球。接着，运动员交换位置。

变化

- 运动员在带球跑到一侧前先走向/跑向球。
- 运动员在控球前假装快速跑向相反的一侧。
- 使用脚外侧控球。
- 在运动员身后添加一名对手。

一名运动员向接停球并带球跑向一侧的运动员施压。

向后带球

设置

1个球和2名运动员，2名运动员之间的锥桶间距4~7米。

训练过程

运动员A向运动员B踢出一个低球，运动员B使用脚内侧控球并带球朝后面的左边或者右边跑动。运动员B绕着后面的锥桶和起始锥桶运球，同时将球回传给运动员A。完成5个回合的右脚向左方传球，再完成5个回合的左脚向右方传球。接着，运动员交换位置。

变化

- 运动员在带球向后跑动时先走向/跑向球。
- 运动员在控球前假装快速跑向相反的一侧。
- 使用脚外侧控球。
- 在运动员身后添加一名对手。

在正方形中控球

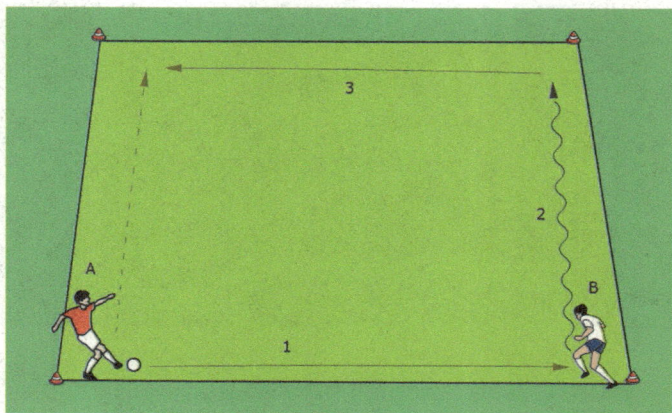

设置

正方形的边长为4~5米，1个球、4个锥桶和两名运动员。

训练过程

运动员A向运动员B踢出一个低球，运动员B使用脚内侧控球并带球以90°朝一侧锥桶跑动。相应地，运动员A也跑向同一侧，这样运动员A可以再次站在运动员B的前面。运动员B将球回传给运动员A。

变化

- 使用脚外侧控球。
- 运动员在带球跑向一侧前可以稍稍向球的位置跑动。
- 运动员在接球和带球跑动前可以先假装跑向一侧或者向后跑动。

在 3 人一组的球队中控球——1 号模式

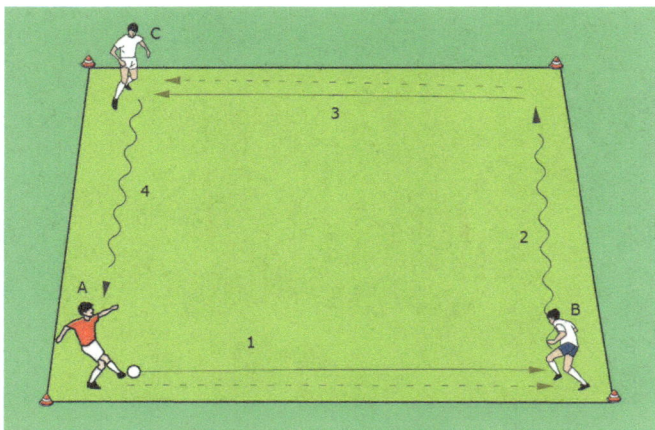

设置

锥桶间距 4~7 米组成一个方形，1 个球和 3 名运动员。

训练过程

运动员 A 向运动员 B 踢出一个低球，同时在球的后面快速跑。运动员 B 使用脚内侧控球并以 90° 带球跑向另一侧锥桶，接着运动员 B 将球传给运动员 C，同时在球的后面快速跑。运动员 C 接停球并带球跑动，接着将球传给运动员 A。

变化

- 使用脚外侧控球。
- 直接快速跑向球。
- 采用假装跑动方式。

在 3 人一组的球队中控球——2 号模式

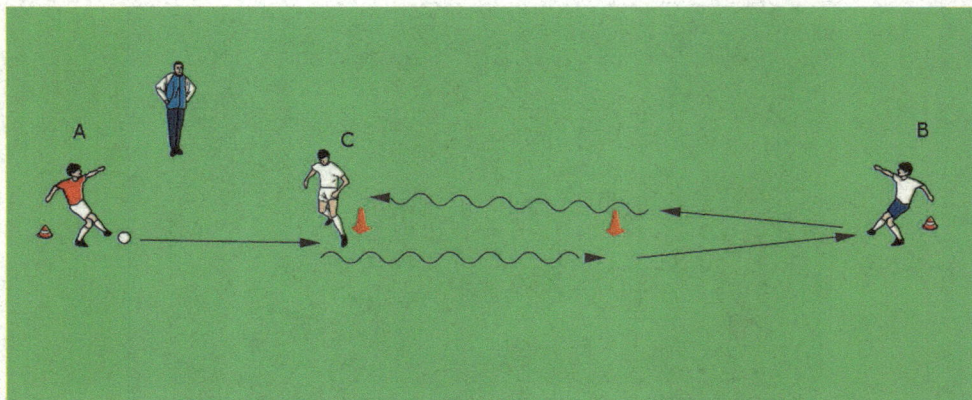

设置

4 个锥桶间隔 3~5 米并排成一行，1 个球。

训练过程

运动员 A 和运动员 B 站在外面两侧的锥桶旁边。运动员 C 站在中间第一个锥桶（靠近运动员 A）的位置等待运动员 A 的第一次传球。接球后运动员 C 使用脚内侧控球并带球朝左边或右边跑动。运动员 C 运球跑向中间第二个锥桶的位置，接着将球传给运动员 B，然后运动员 B 将球直接回传给运动员 C。重复这个练习 10 次，然后运动员交换位置。

变化

- 运动员 C 在带球往回跑动前可以直接跑向球。
- 运动员 C 在控球前可以快速跑向一侧。

2.2.2　空中控球

后方突如其来的高球或者进攻方向快速的变化会导致出现很大的防守问题。

如何让这种必备的技术成为第二本能呢?

如何让运动员在控制高球时养成必要的球感呢?

使用胸部控球

身体做好跟进动作的准备,同时按照要求的方向带球跑动。

在控球时,快速确定并摆脱对手。

使用大腿控球

使用大腿可以特别轻松地处理快速掉下来的球。第一次触球可以减缓球的速度，同时实现在预判方向带球。运动员可以快速地适应跑动的节奏，同时运球跑向一侧。

控制对角高球

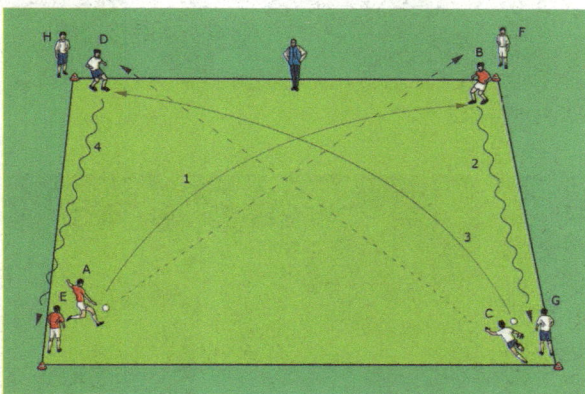

设置

边长为15米×20米的长方形、4个锥桶、2个球和8名运动员。

训练过程

- 运动员A向运动员B踢出一个高球，同时跟着球跑动。运动员B接停球并运球跑向运动员G。
- 运动员C向运动员D踢出一个高球并同样跟着球跑动。
- 运动员D接停球并运球跑向运动员E。

训练重点

- 踢出准确的高球。
- 接住高球并带球跑动。

执教技巧

- 改变锥桶之间的距离。
- 在每个接球点添加一名对手。

传切对角高球

设置

边长为16米×22米的长方形、4个锥桶、2个球以及14~18名运动员。

训练过程

运动员A与运动员B完成传切球，接着运动员B跑向运动员F。运动员A向运动员C踢出一个高球，运动员C接停球并运球跑向运动员D。在运动员D、运动员E和运动员F之间完成相同的训练过程。

训练重点

- 传切球。
- 踢出准确的高球。
- 接住高球。

执教技巧

在接停球后，运动员快速跑向空地并再次传球，以便尽可能快速且有效地完成训练。

第 3 章　运球

　　运动员在不掌握必要技巧的情况下如何成功地摆脱对手呢？只有具备非凡天赋或者良好观察力和认知能力的运动员才能掌握必要的运球技巧和假动作。其他运动员都无法在他们的活动范围内进行拦截抢球，而且所有的对手都必须等待前锋出现技术失误（例如，球离脚的位置太远）。前锋进攻受挫是不可避免的，这时便是"拦截抢球者"取胜的时机。而改变这种情况的唯一方法就是运动员学会不同的假动作，这样他们就可以漂亮地控球。鉴于此，彼得·施赖纳系统（Peter Schreiner System）[©]提供了一个教练可以立刻应用到练习中的训练计划。

3.1　彼得·施赖纳系统[©]（P-S-S）

　　P-S-S训练包括了一些目标明确、高效且系统化的基本教学训练。这些训练的目的是培养运动员的第二本能。运动员可以用相同的方式练习重要的动作。训练的方式非常广泛且多样，因此运动员能够在比赛情形中回想起这些训练。充分的运动技能训练是形成创造性和决策制订能力的基础。运动员只有掌握各种左右脚假动作和交替的跟进动作，才能在1对1或面对系统防守的比赛情形中战胜对手。

彼得·施赖纳系统[©]（P-S-S）的特点

大量重复

不同角度

改变转身方向

不断改变方向

在锥桶位置会合

双脚左右开弓

3.2 彼得·施赖纳系统©的特点

大量重复

教练必须有大量可供支配的宝贵训练方式，同时还可以不断地让运动员接触新的学习情形。在 P-S-S 中，运动员必须学习基本的动作（运球、假动作）并重复大量不同的训练，直到他们完全掌握这些动作。

在足球运动中，专业运动员会反复训练简单的射门动作，这样他们才可以在高压的淘汰赛中尽可能少出现失误。

在锥桶位置会合

运动员在第一次以 P-S-S 方式练习运球之前，教练必须告知运动员他们只需要运球稍稍跑到锥桶的一侧，而不是绕着锥桶运球，这样他们就可以与锥桶保持距离，而这恰好是他们与对手之间的距离。在锥桶前面改变方向可以迫使运动员抬头，同时确保运动员不会撞到锥桶另一侧的运动员。此外，即使运动员进行的是个人训练，这个训练也会展示出团队训练的感觉。

不断改变方向

在 P-S-S 中，运动员要经常改变方向。他们必须学会控制自己的身体和球，这样他们才可以带球朝预期的方向跑动。同时，运动员还必须提高球感，掌握球技，感知对手的位置，同时绕过对手跑向正确的一侧，从而巧妙地掩护球。

不同的角度

训练的改变和锥桶之间距离的改变会形成不同的带球角度，因此每个角度都是运动员要面对的新挑战。使用脚内侧踢球并实现 90° 转身完全不同于 180° 转身，例如"梳子"训练。

双脚左右开弓

在技术方面要求运动员使用双脚进行练习。例如，如果运动员在锥桶位置使用脚内侧踢球，那么他必须在每个锥桶位置换脚，否则就无法完成训练。特别是在基础训练中，运动员必须学会使用双脚运球和在两侧使用假动作。

改变转身方向

沿着身体中轴纵向转身后，青少年运动员特别容易分不清方向，然后运球跑向错误的锥桶。这就是在基本动作系统序列中围绕中轴线转身特别重要的原因。建议在使用双脚踢球之前先不带球或者双手带球进行转变方向的训练。

彼得·施赖纳系统©（P-S-S）的优点

面向目标的学习　　　　　　　　　　创新空间

直接纠错　　　　　　　　　　　从学习到应用的转化

成绩有差别　　　　　　　　　　系统原则

高激励性

3.3　彼得·施赖纳系统©的优点

直接纠错

所有的运动员都是系统的一部分，同时运动员还必须完成设置好的活动。初学者必须集中注意力慢慢地运球通过各个位置，而高水平的运动员则可以快速地运球通过。教练可以很容易地观察所有的运动员，同时直接与每名运动员沟通交流，这样就可以直接纠正具体的失误。大型团队训练的其中一个优势是教练可以进行个别纠错，而其他运动员可以不站在一旁等待，而是继续进行训练。但是，教练必须在整个团队面前探讨共同的错误。

面向目标的学习

明确地制订活动和技术任务。教练可以观察运动员，而运动员通过 P-S-S 可以开始有目的的学习过程。因为运动员在学习阶段都使用相同的技术，因此教练可以立刻了解他们是否完成了训练目标。如果运动员需要更多的训练来学会技巧，那么教练必须设置额外的训练作为作业。

成绩有差别

女生和男生、初学者和高水平运动员可以一起在 P-S-S 中训练。他们之间的差别在于行动的速度、技术的难度级别或者不同的技巧使用。

相对于能力较弱的运动员，教练可以为能力较强的运动员设置较难的任务。教练也可以控制训练的运动量。在初学者组运动员慢慢地练习不同的技巧时，高水平组的运动员已经快速完成了基本的练习任务。在相同的时间中，高水平组运动员完成了两个循环的训练，而初学者组只完成了一次训练。

系统原则

运动员的身体适应度和能力决定了假动作的训练方式和选择。教练向运动员解释新的动作并允许运动员慢慢地、正确地完成技术训练。最后，在持续的练习之后，运动员让这些动作成为他们的第二本能。这里所包含的动作难度、设置复杂性、执行的频率（时间压力）和对手引入（对手压力）等都会不断地增加。

创新空间

与设置任务一样，有效的运球训练也必须给运动员留一些自己的想法和创新应用的空间。运动员自创的特别技巧与从训练课程中学习假动作的过程同样重要。教练必须不断花时间表扬运动员，同时为运动员提供表现技巧的机会，这样往往可以让人看到运动员非凡的想象力和创新能力。

高激励性

俱乐部、学校和足球院校的经验表明运动员喜欢练习基本技术。P-S-S 可以保证较高的运动员激励性。如果运动员注意到他们可以获得带球的自信心和掌握绝佳的技术，这会进一步提高激励性。训练和技巧的变化可以确保训练不会枯燥。这样，运动员在任何情况下都不会对 P-S-S 心生厌倦。

从学习到应用的转化

在基本的训练之后，运动员首先可以要求在比较简单的比赛情形中使用已学的假动作（现在是第二本能），接着在训练比赛中使用假动作，最后是在竞争性比赛中使用假动作。只有在比赛中重现已学到的技术，运球训练才是成功的。

3.4　基本理论

3.4.1　带球、传球、运球和假动作

带球

带球就是朝前缓慢地控制脚附近的球的动作。带球有助于重新调整空间，例如寻找队友或者为队友提供跑向自由空间的可能性。运动员不能盯着球，这样他才可以观察比赛的情形。

传球（节奏运球）

传球或者节奏运球（tempo dribbling）可用于快速防守反击的自由空间。在控球时，球与脚的距离不是特别近，但必须总在可控范围内。在特定情况下，运动员必须能够改变方向或者运球的频率，或者干扰防守球员的跑动。

运球

运球意味着"使用小技能朝前跑动"。从狭义上讲，运球要求靠近运球队员可以打败的对手。运球之前往往会有一个或者更多的假动作。

假动作

假动作以错误信息原则为基础。在使用假动作时，运球者以一个"明显的动作"（改变速度或者方向等）来掩饰其真实的目的，然后执行自身的计划。假动作会导致对手做出错误的反应，从而为进攻者提供些许时间优势。技术高超的运球者可以在假动作中利用对手的反应，同时让自己所执行的假动作看起来非常可信。

3.4.2　一名优秀的运球者必须具备的能力

- 具备良好的身体控制力和平衡能力。

- 能够注意到并且明白防守者的反应（预期对手的目的）。

- 具备良好的球感。

- 掌握运球技能和各种假动作技巧（具备运球的技术能力）。

- 能够在适当的时机使用假动作（假动作的时机）。

- 具备优秀的方向感（假动作的空间感）。

这些品质可以让运动员发现机会，同时具备通过运球摆脱两名防守运动员的技巧。

3.4.3　优秀运球员遵循的10条基本规则

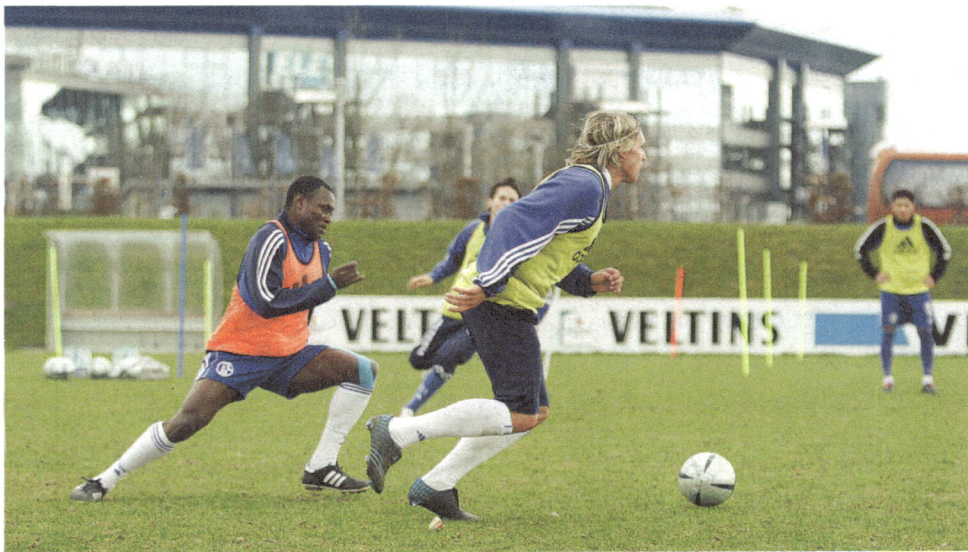

1. 在对手附近运球的前提是采用适应情形的假动作，这样可以导致对手做出错误的反应，从而制造些许时间优势。

2. 使用假动作之后，进攻者必须连续爆发性地持续运球，这样才不会错失时间优势。

3. 运球员必须保持较低的重心，这样他才可以保持平衡，同时开始向任意方向跑动。

4. 技术熟练的运球球员可以引诱对手离开其等待位置，这样运球球员就不需要面对对手，同时可以运球跑向一侧并干扰对手的身体姿势。如果防守者对动作做出反应，那么他很可能会采用不利的身体姿势，从而很难快速做出反应。突然改变方向的假动作特别实用，因为对手必须放慢动作才能向另一个方向跑动。

5. 技术熟练的运球员会在执行假动作时考虑自身的优势。有些假动作特别适合快速进攻的运动员（例如，在发动假动作之后可以在侧翼获得空间机会）和擅长灵活控球的运动员（例如，在禁区里面）。

6. 运球的球员必须密切观察对手的行为，以便能够正确地应对防守者的反应。如果假动作没有实现预期的效果，那么就需要采取进一步的动作。第二次假动作必须进一步破坏防守者的防守并最终导致防守者出现错误。在比赛开始时，进攻者必须快速识别防守者的能力（例如反应和动作速度），同时在采用假动作时考虑这些因素。

7. 不可以过早或者在距离对手太远的位置执行假动作，这样会给对手提供弥补错误的机会。但是，如果太晚或者在距离对手太近的位置执行假动作，进攻者很可能会丢球。根据比赛经验，运球的球员必须具备分析对手正确距离的能力。

8. 始终在必需的情况下和有利于团队利益的情况下运球，而不是为了运球而运球。运动员将球穿过对手两脚之间或者令对手难堪，比向队友传出一个灵巧的传球更重要一些，因为他削弱了对手信心，迫使对方球队放慢进攻速度。与技术一样，运动员也必须学习运球的必要时机或者更合适的传球时机。

9. 运球不可以威胁到自身球门。因此，运动员必须避免在没有防守支援的情况下在自己的禁区内运球。

10. 运动员必须在多次训练并且完全掌握技术的情况下，才能在比赛中使用假动作。一个糟糕的假动作会对运球的球员造成不良的影响并会打击他的自信心。

3.4.4　在以下情况下运球是有用或必需的

- 进攻时无法向队友传球时。
- 防守时出于战略原因必须跑开时。
- 做好射门准备时。
- 必须争取比赛时间时。
- 开始突破进入自由空间时。
- 必须在靠近球门位置的1v1情形中获胜时。
- 需要打开空间以便跑动时。
- 避免出现越位时。

3.4.5　在彼得·施赖纳系统©中学习运球

运动员的学习过程

体育运动的执教过程必须是有计划的。可惜的是，精力旺盛的足球天才经常面对毫无计划的教学。很多教练往往只有周期计划或者训练课程计划，而没有长期的训练计划；同时，训练内容的选择也倾向于随意性。很多教练认为很难制订适合孩子们的系统计划和有条理的合理训练。而 P-S-S 为教练提供了一个训练运球、假动作和球感的教学大纲。

技术示范

示范必须是漂亮的技术。因此，最好请一位技术熟练的运动员示范有难度的基本动作，而不是示范错误的动作。也可以慢慢地向运动员描述新的动作，以便他们理解基本模式。天才运动员一般可以快速理解所要求的技术，同时还可以向其他运动员做示范。

重复观察重点

难度特别大的动作必须多重复几次。教练可以设定不同的特定观察任务，以便了解运动员是否真正理解了重要部分的动作。

详细的示范（身体的单个动作或者慢动作）

建议有时可以详细地指出身体的单个动作。重要阶段也可以采用慢动作表现，这样运动员就可以进行观察和理解。

纠正错误

教练可以根据有针对性的错误纠正，同时考虑以下几点来指导学习过程。

- 最好在短时间内，而不是以冗长的解释方式来提供信息。
- 总是每次纠正一个错误；不要同时纠正几个错误。
- 不要纠结细节，否则会让运动员感到困惑或失去兴趣；要强调重点。
- 总是进行积极的强化（表扬和鼓励）。
- 在运动员完成训练并做好倾听的时候讨论错误。
- 在训练时，个人纠错必须短暂且具体。

- 不要立刻纠正错误，要让运动员自己有机会看到自身的错误。可以通过聪明的提问方式让运动员注意到自身的错误。

以下是经过反复测试的假动作学习顺序。

- 使用照片、视频或者运动员示范的方式来清晰地呈现动作。
- 在没有对手的情况下尝试和练习新的动作。
- 在不同的训练中自觉地完成训练动作。
- 消极（部分主动）的对手为比赛情形提供了方向（时间及空间）和练习（能够与对手保持恰当的距离，以及通过训练积累经验以把握假动作时机）。
- 在小型比赛、真实的比赛情形和比赛中使用已掌握的假动作技术（建议在标准比赛之前就练习假动作，同时指出可能使用的途径。运动员必须一直清楚假动作的目的）。
- 设定规则的目的是在竞争性比赛中使用已经学习的技术（只有在比赛中面对对手的压力时，运球员才能展现出自己真正掌握的技巧）。

3.5　练习：运球和假动作训练

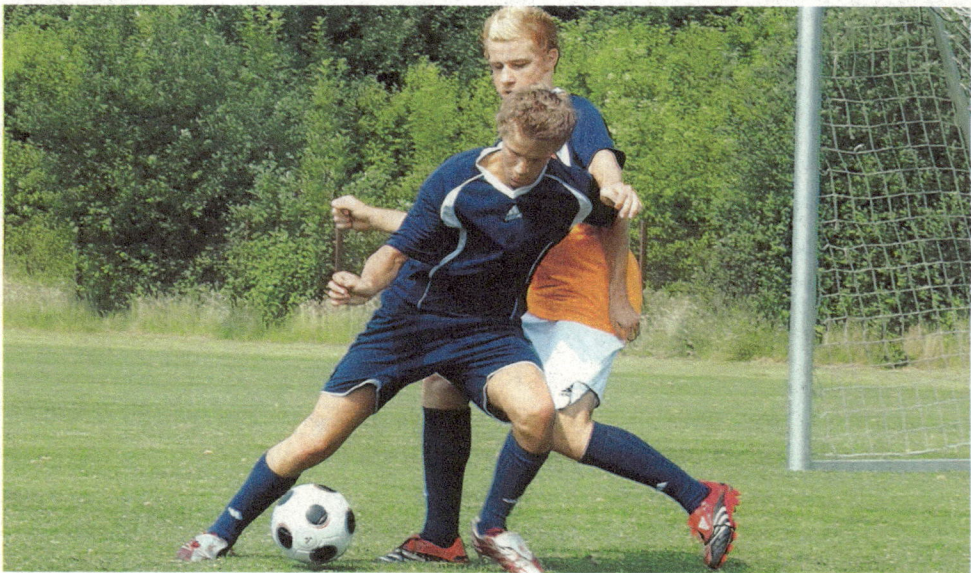

3.5.1　小团队的基本训练

　　小团队（配对、3人或4人一组）训练的差异在于进攻对手的位置。"进攻者误导防守者，同时运球绕过防守者"的比赛情形要求根据对手是直接站在运动员前面、背后还是进攻者一侧等情形进行其他训练。

3.5.1.1　站在对手前面

　　进攻者面对站在面前的对手时可以采用几种方法来误导对手。下面是一些例子。

a）虚晃步法

　　左脚向左弓步，接着使用右脚外侧带球绕过对手。

b）里维利诺（Rivelino）技巧

　　使用右脚并带球朝左边向前一步，接着使用右脚外侧带球并绕过对手。

c）单脚往后拖球

避开支撑腿

使用右脚单脚将球往后拖，然后立刻使用右脚内侧将球推到一侧，同时运球避开对手。

交叉支撑腿

使用左脚单脚将球往后拖，然后立刻交换支撑腿，用左脚内侧将球推到一侧，同时运球绕过对手。

使用支撑腿后面的单脚将球往后拖

左脚单脚将球往后拖，然后在支撑腿后面用左脚内侧将球推到一侧，接着运球绕过对手。

d ）使用脚内侧并270° 转身

带球向左转身并使用身体掩护球，同时使用右脚内侧两次拖球，接着在转身之后立刻运球跑离对手。

变化

按照弗朗茨·贝肯鲍尔（Franz Beckenbauer）经常示范的方式使用脚外侧完成相同的转身。

e）马修斯（Matthews）技巧

使用右脚内侧稍微将球往后拖，接着假装从左边突破，同时使用右脚外侧（外脚背）将球托起躲过对手进攻的脚，然后运球朝右边绕过对手。

3.5.1.2 训练——对手站在面前

a）配对进行对手站在面前的训练

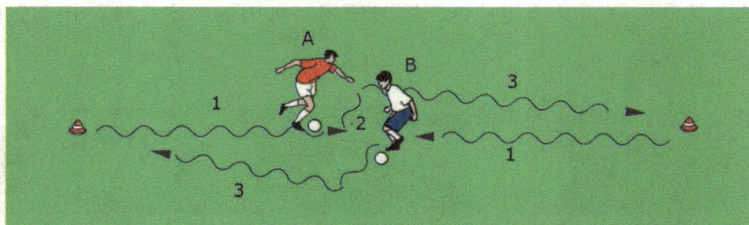

设置

运动员配对，同时每对运动员带两个球站在开始锥桶位置。

距离：锥桶的间距5~6米。

训练过程

两名运动员在两个锥桶之间进行相互运球，同时按照预定的方式躲开对方（例如，使用虚晃步法）。到达锥桶位置时，运动员必须转身并重复训练。

变化

- 虚晃步法。
- 里维利诺技巧。
- 单脚往后拖球。
- 马修斯技巧。
- 使用脚内侧并270°转身。

执教技巧

很重要的一点是，虽然必须在两侧都完成基本的动作，但运动员必须事先决定向哪一侧躲避。

b）4人一组进行对手站在面前的训练

设置

配对的运动员站在锥桶旁边并带两个球。

距离：锥桶的间距7~9米。

训练过程

运动员A和运动员B朝对方运球，同时在中间位置完成一个假动作并运球绕过对方。运动员A将球传给运动员C，而运动员B将球传给运动员D。运动员C和运动员D分别接停球，同时向对方运球。

变化

- 虚晃步法。
- 里维利诺技巧。
- 单脚往后拖球。
- 马修斯技巧。
- 使用脚内侧并270°转身。

c）6人一组进行对手站在面前的训练

设置

在三角形的转角处各站1名运动员，同时1名运动员站在三角形每条边中间位置但不带球（三角形边长：5~9米）。

训练过程

3名运球员同时从三角形的转角位置开始训练。对手站在三角形每条边的中间位置，运球员必须沿着对手的外面或者里面运球。完成预定的运球时间之后，运动员交换任务角色。运球员站到中间位置，而防守者担任运球员。

变化

- 虚晃步法。
- 里维利诺技巧。
- 单脚往后拖球。
- 马修斯技巧。
- 在正方形中（8人一组）进行训练。

执教技巧

- 必须不断增加防守者的防守力度。
- 教练或者运动员发出开始信号。

d）带中心点的三角形

设置

带中心点的三角形，转角到中间的距离是5~6米。3名运动员带球分别站在3个转角位置。

训练过程

3名运动员同时朝三角形中心跑动并在中间位置会合。在距离中心锥桶1米的位置，运动员完成一个假动作（对手站在面前）并运球跑向下一个锥桶。等到所有运动员都到达锥桶位置并且彼此之间做了简短眼神交流或者看到开始信号之后，运动员以顺时针方向再次开始训练。

变化

完成一定的循环训练次数之后，运动员可以改变运球方向，以便对两只脚都进行训练。

e）带中心点的正方形

设置

带中心点的正方形，锥桶到中心的距离为5~6米。4名运动员带球站在各个转角的位置。

训练过程

4名运动员朝正方形的中心同时开始运球，完成一个假动作（对手站在面前）并运球跑向正方形的下一个锥桶位置。

3.5.1.3　对手站在侧边

　　本节的技术和训练特点是，在面对对手从侧边防守时，运动员按照要求完成大量重复的基本动作。

　　现在我们从一些基本动作开始阐述。

a）270° 脚内侧转身

b）270° 脚外侧转身

3.5.1.4　训练——对手站在侧边

a）带中心点的圆圈

设置

有中心点的圆圈，每个锥桶位置站1名带球运动员。

训练过程

5~8名运动员运球跑到圆圈的中心位置，接着在距离中心锥桶1米时转身跑回到自己锥桶的位置。这里要求180°的转身。

可用的技巧

- 单脚往后拖球。
- 使用脚内/外侧踢球。
- 由内到内的剪式踢法。
- 将球拖到支撑脚后面。

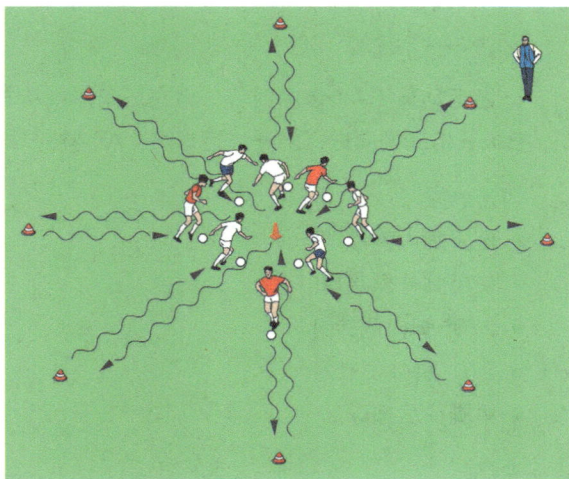

b）在三角形中进攻

设置
运动员在三角形中配对运球。

训练过程
一名运动员（A）以顺时针方向在三角形中从一个角到一个角运球，而另一名运动员（B）从相反方向进行防守。运球员（A）掩护球，同时运球跑向下一个锥桶。

可用的技巧
- 使用脚内侧踢球。
- 使用脚外侧踢球。
- 270° 脚内侧转身。
- 270° 脚外侧转身。
- 单脚往后拖球。

变化
- 运球员逆时针跑动。

执教技巧
运动员学习在对手从侧边进攻时可以做到掩护球，同时快速运球跑开。

c）从侧边进攻

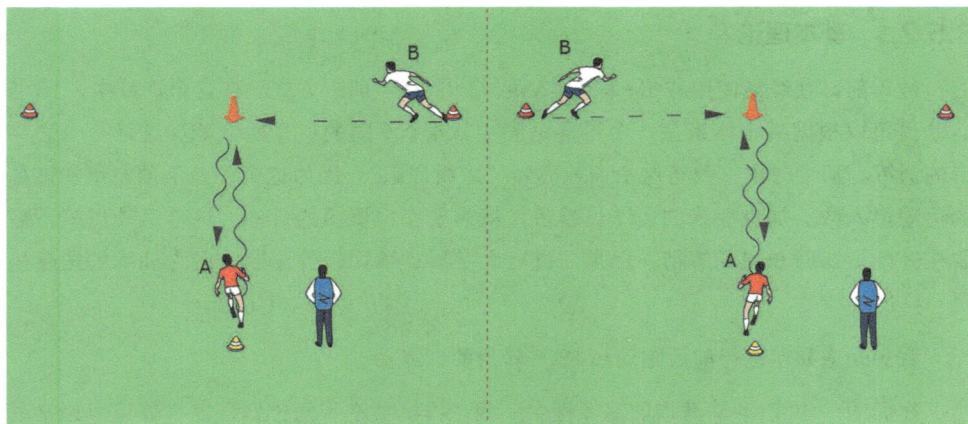

设置

使用4个锥桶设置一个梯形。进攻者运球从下边跑到中间锥桶位置；防守者从左边或者右边防守。

训练过程

运动员A运球跑到中间锥桶位置，运动员A以180°转身的方式避开运动员B，同时运球跑回开始锥桶位置。防守者在两个锥桶之间来回跑动，以便不断地创造相同的训练情形。完成预定时间或者频率次数的训练之后，运动员交换角色。

变化

- 防守者从左边防守，而运球员以180°转身的方式跑向右边。
- 防守者直接跑向对面的锥桶，这样运球员就必须不断变换转身方向。

执教技巧

防守者必须信心十足地快速跑向球，同时积极防守。

3.5.2　大组训练

3.5.2.1　基本理论

数年前，我经常使用威尔·科化（Wiel Coerver）训练方式。在这个训练中，16名运动员可以根据某个体系在一个锥桶圆圈中从4个不同的点开始运球。这是一个之字形的训练。那个时候，我将这个训练称为"大组训练"，因为这个训练不限制参加训练的运动员人数。加入训练的运动员越多，就需要使用更多的锥桶，这样运动员就不需要在开始训练时长时间等待。但是，进行之字形训练比较受限制，因为训练的角度总是一样的。

我想知道如何进行前后跑动和180°转身的训练。

在德国沙尔克04队基本训练课程中，我把锥桶放在不同位置，这样就可以经常进行180°转身训练。

我将这个新的训练称为"梳子"（comb），因为从图上看有点像一把梳子。在这个形状中，必须在比赛情形中训练特定的技巧，即"剪式"或者"支撑腿回旋"。进一步体验新的形状、新的角度和新的连续训练之后，我提出了圣诞树、霹雳火和八字形运球。

大组训练适用于以下情况

- 热身。
- 学习和自动掌握基本运动（使用左脚和右脚运球、带球改变方向和转身、指定脚和腿部运动、针对不同比赛情形的假动作）。
- 调动跑动训练的积极性。

热身还是主要训练

大组训练对于热身训练和主要训练部分一样重要。在热身时，可以用适度的频率完成熟悉的动作，而在练习时，教练可以介绍新的动作或者让运动员以比赛的频率完成基本动作。

执教技巧

每一项新的大组训练一开始都会对运动员的适应性提出挑战。他们首先必须在练习指定技巧之前先理解他们跑动的锥桶路线。教练不应该花费太长的时间进行解释或描述，但是可以自己示范跑动路线。

接下来，运动员可以在没有技术指导的情况下自由运球。能力较强的运动员可以向教练展示不同的技术。

初学者可以使用简单的技术，这样可以让他们在完成路线运球时有成就感。如果运动员掌握了跑动路线，他们可以接着练习特定的不同技术。

接下来是一些关于具体任务、技术、技术组合和创新应用的内容。

3.5.2.2　之字形

之字形是一种快速且简单的训练方式，它可以自主训练重要的基本动作，同时使用几个锥桶就可以完成有效的运球训练。只需改变锥桶的放置就可以变化角度和距离。锥桶之间的距离可以根据运动员的能力和训练的目的而定。

基本训练：配对之字形训练

设置

运动员A和运动员B带球站在开始锥桶位置。在运动员的面前放置一个锥桶菱形。

训练过程

运动员A以不同的动作并按照变化的方向在菱形内从一个锥桶运球跑向另一个锥桶。在最后一个锥桶位置，他将球传给运动员B（2），运动员B接下来开始新的一轮训练。

可用的技巧

- 使用脚内/外侧踢球。
- 270° 脚内/外侧转身
- 单脚往后拖球。

变化

- 顺时针。
- 逆时针。

3人一组完成持续的之字形动作

设置

在两个终端锥桶之间设置锥桶菱形。运动员A和运动员B带球站在开始锥桶位置。运动员C在对面终点位置等待。

训练过程

运动员A从开始锥桶位置运球沿着菱形一边跑向另一侧的运动员C，接着运动员A和运动员C进行传切训练。运动员A站在运动员C的位置，运动员C运球沿着菱形另一边跑向开始锥桶位置的运动员B并将球传给运动员B。

可用的技巧

- 使用脚内侧踢球。
- 使用脚外侧踢球。
- 270°脚内侧转身。
- 270°脚外侧转身。
- 单脚拖球。

变化

- 顺时针。
- 逆时针。
- 在两端位置传切球。
- 设置防守球员。

双之字形

设置

在场地中以 1-2-1-2-1 的形式放置几个锥桶，作为无限循环运球训练使用。

训练过程

　　双之字形有开始和终点位置。通过几个锥桶，运动员可以轻松地在双之字形中进行有目的的训练。可以延长之字形，这样运动员就可以在到达转身标识之前沿长运球时间。同时也可以变化锥桶之间的距离和角度。

可用的技巧

- 使用脚内/外侧踢球。
- 270°脚内/外侧转身。
- 虚晃步法/跃步/剪式步法。
- 单脚拖球。

4 倍之字形

设置

在之字形中放置 12 个锥桶，这样运动员就可以进行无限循环的运球训练。锥桶的设置方式：2-3-2-3-2。

训练过程

团队训练的最重要方式是 4 倍之字形训练。这个训练里有两个开始点和两个转角点。运球员在这个阵列的几个锥桶点会合，接着运动员要强迫自己观察其他运球队员，同时眼睛不要盯着球。运动员向左边和右边带球转身和运球。

可用的技巧

- 使用脚内 / 外侧踢球。
- 270° 脚内 / 外侧转身。
- 虚晃步法 / 跃步 / 剪式步法。
- 单脚拖球。

变化

- 从右边开始。
- 从左边开始。
- 设置 3 个或 4 个开始和转角锥桶。

以下是一些经过反复试验的之字形训练

- **持球跑着穿过：**运动员先热身跑一次，以便熟悉路线。
- **踢球跑着穿过：**接下来，运动员以所选的技术运球跑完一圈。
- **使用脚内侧踢球：**在之字形中最简单的变化方向方式是使用脚内侧。经验表明，初学者可以快速地掌握这个技术。
- **使用脚外侧踢球：**完成脚内侧练习之后，运动员学习使用脚外侧和双脚踢球。
- **使用脚内侧和外侧交替踢球：**这里的难度在于从脚内侧转换为脚外侧踢球，例如只使用单脚踢球。运动员可以先从能力较强的脚开始踢球，接着再练习能力较弱的脚。
- **虚晃步法/跃步/剪式步法：**运动员一旦掌握了使用脚外侧踢球，接下来就是虚晃步法，然后就可以较轻松地练习跃步和剪式步法。这里唯一的不同点在于脚和腿的动作。使用虚晃步法，脚可以绕过球，使用跃步可以越过球，而使用剪式步法可以将球粘在脚下。
- **270° 脚内侧转身：**基本训练中最重要的一个基本动作是使用270° 脚内侧转身。这个转身会出现不同于运球方向的双方向改变。
- **270° 脚外侧转身：**高水平的运动员都喜欢这样的转身动作，但是初学者做这个动作会出现问题。这是贝肯鲍尔的特长，他喜欢使用脚外侧的方式完成这个转身。
- **单脚往后拖球：**这个技巧可以在之字形中成功地完成。运球员单脚将球往后拖，然后运球跑向下一个锥桶。可以使用脚内侧或者脚背完成第二次触球（在新方向运球）。
- **在支撑脚后面拖球（使用支撑腿后面的单脚将球往后拖）：**在之字形中最难的基本训练技术是"在支撑脚后面拖球"。这里，另一只脚将球往后拖，接着将球带到支撑脚后面，然后跑向下一个锥桶。这样，如果运动员想躲避到左边，那么他可以使用右脚将球往后面拖，接着绕过支撑脚朝左边运球。
- **不同的技术组合：**如果练习所有的这些技术，教练可以使用不同的组合。例如，变化使用"脚内侧踢球"和"270° 脚内侧转身"或"假动作"和"使用单脚拖球"组合。接着，运动员可以自由地组合不同的技术。

3.5.2.3　圣诞树

具备创新能力的运球员一般掌握大量的假动作方式和各种可选择的动作。在基础训练中，运动员必须学会几种不同类型的动作并在各种训练中应用这些动作。圣诞树提供了不同的训练角度，能够让运动员练习转身和变化方向的新技术。这是一种不同于之字形训练的方式。

圣诞树的基本要素

圣诞树类似于之字形训练，是一种激励运球训练的训练方式。所有运动员都必须不断地跑动，反复地触球，同时系统性地练习新的步法。这种方式可以非常高效地提高运动员的球感。在第二次训练中，教练可以采用不同的基本动作方式。他可以很清楚地观察所有运动员，激励他们的积极性和纠正他们的错误，从而有目的地实现学习过程。训练的基本要素是使用6个锥桶（2-3-1），这样就可以有2~3名运动员参加练习。

搭档进行圣诞树训练

设置

运动员A和运动员B带球站在开始锥桶位置。在运动员面前将锥桶按照圣诞树形状放置。

训练过程

运动员A以不同的步法和变化的方向在路线上运球。在最后的锥桶位置，运动员A将球传给运动员B（2），运动员B开始下一个循环的训练。

技术组合

- 两次使用脚内侧踢球。
- 270°脚内侧转身，接着用脚外侧转身。
- 虚晃步法/跃步/剪式步法。
- 单脚往后拖球。

变化

- 顺时针。
- 逆时针。

3人一组的圣诞树训练

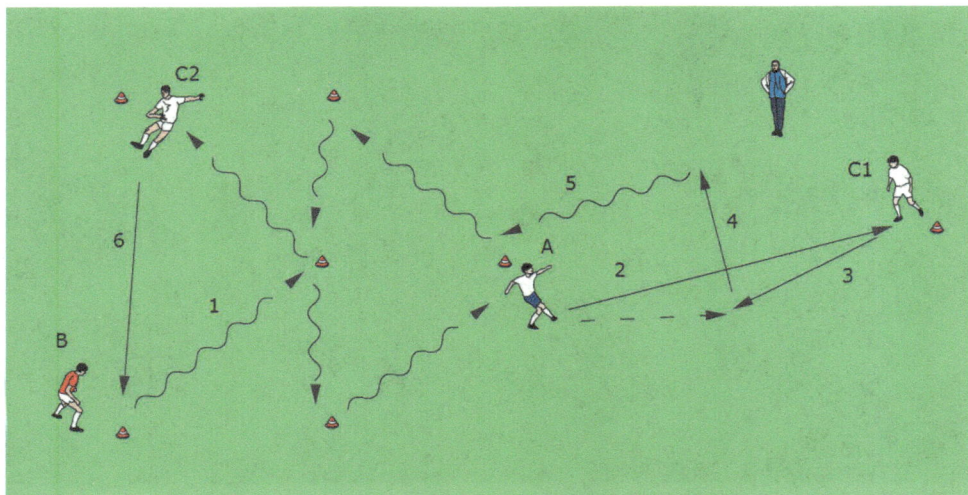

设置

将锥桶放置成圣诞树形状，运动员A和运动员B带球站在开始锥桶位置。运动员C在锥桶圣诞树对面等待。

训练过程

运动员A运球从开始锥桶位置沿着圣诞树一边跑向另一边的运动员C，接着两名运动员进行传切训练。运动员A站在运动员C的位置，而运动员C运球沿着圣诞树的另一边跑向站在开始锥桶位置的运动员B并将球传给运动员B。

变化

* 采用两个球（较快的训练过程）。
* 顺时针。
* 逆时针。

配对进行圣诞树训练

设置

将锥桶放置成圣诞树形状：2-3-3-3-1。运球方向：斜着跑向中心位置，接着再向外跑动。两个开始锥桶之间的距离是5~9米。其他锥桶的距离可以根据运动员的年龄设置。

训练过程

运动员在左下锥桶位置开始，同时斜对着中心位置运球，接着再朝外面运球，然后斜对着中心位置运球，再接着朝外面运球直到运动员到达最后的锥桶位置（圣诞树的顶点）。运球的速度必须越来越快。

技术

踢球的方式包括使用脚内侧/外侧、270°脚内/外侧转身、虚晃步法/跃步/剪式步法等。

执教技巧

- 圣诞树类似于之字形训练，是一种激励运动员运球训练的训练方式。教练通过这种方式可以观察和管理运动员。
- 所有运动员都在不断地跑动、触球和系统地练习新的动作，因此这种方式可以有效地提高运动员的球感。
- 教练可以很清楚地看到所有运动员，激励和纠正他们的错误，从而实现学习过程。

4 名运动员进行圣诞树训练

设置

并排放置两个圣诞树：3-5-5-5-2。运球的方向还是斜对着向每个圣诞树的中心位置运球，接着向外。开始锥桶间距5~9米。

训练过程

4名运动员进行圣诞树训练方式是针对大组和整个团队训练而设置的。这个训练的优点在于运动员可以经常在中心锥桶位置会合。运动员不可以看着球，这样他们才不会与在另一边锥桶位置训练的运动员发生冲突。根据技术任务，他们可以使用左脚或者右脚运球，然后绕着锥桶向左边或者右边跑动。

技术

踢球的方式包括使用脚内侧/外侧、270°脚内/外侧转身、虚晃步法/跃步/剪式步法等。

变化

- 顺时针。
- 逆时针。

3.5.2.4 霹雳火

为了能够连续地练习"正面迎敌"的比赛情形，必须一直朝前运球然后跑向一侧（左边或者右边）。在霹雳火训练中，运动员可以在一直朝前运球时非常集中地练习"马修斯技巧"或"剪式步法"。

配对进行霹雳火训练

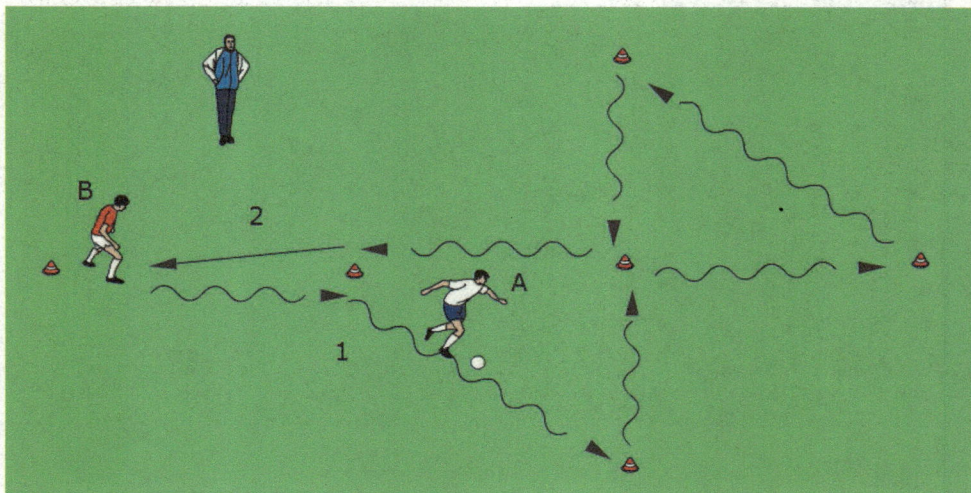

设置

按照图示（带有中心的菱形）放置锥桶，两名运动员带球站在开始位置。

训练过程

第一名运动员 A 在运球路线上（向前、斜对着向外、朝着中心位置、向前）跑动。在整个路线的最后锥桶位置上，运动员 A 将球传给运动员 B。

变化

- 顺时针。
- 逆时针。

3 人一组进行霹雳火训练

设置

　　"霹雳火"路线是在终点位置放置一个锥桶，而运动员 C 在这个位置等待运球员 A 的传球。

训练过程

　　运动员 A（1）从开始锥桶位置运球跑过霹雳火路线并在终点位置与运动员 C 完成传切训练，接着运动员 C 接球并运球沿着路线跑回起点位置。在起点位置，运动员 B 接球（4）并按照相同的方式沿着路线运球，接着与运动员 A 进行传切训练。

技巧和提示

- 在路线的终点位置完成快速且准确的传球。
- 在运球和改变方向时使用不同的技术。

变化

- 顺时针。
- 逆时针。
- 在两端进行传切训练。

双霹雳火训练

设置

在双霹雳火训练中，锥桶的方式是 1-3-1-3-1，而运球方向是斜对着向外—斜对着向中心位置—向前—斜对着向外等。

训练过程

双霹雳火训练方式就是有开始点和转角点的霹雳火训练方式。实际的训练重点在中心锥桶位置。虚晃步法、跃步、剪式步法、马修斯技巧或者采用单脚向后拖动球假装射门等都是练习如何打败迎面跑来的对手的不错方式。

执教技巧

- 引入面向比赛情形的防守球员。

变化

- 顺时针。
- 逆时针。

4倍霹雳火训练

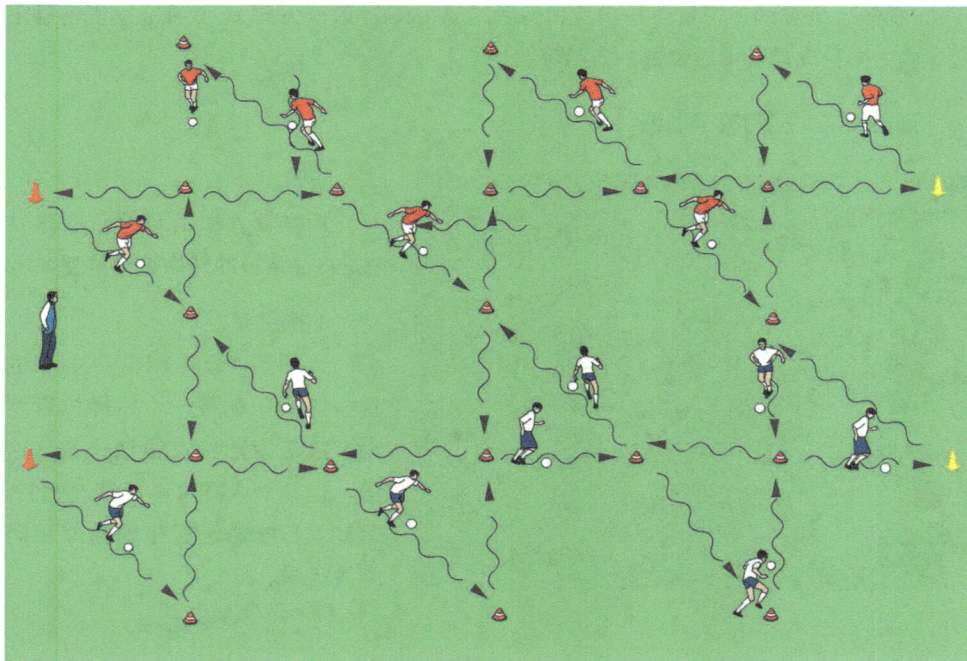

设置

锥桶按照2-5-2-5-2-5-2放置，同时每名运动员带一个球。

训练过程

4倍霹雳火训练有两个开始点和转角点，是一种适合整个团队训练的方式。根据运动员的人数，教练可以在一组霹雳火后面再放置3个或者4个霹雳。运动员不需要在开始锥桶位置等待训练。

技巧

踢球的方式包括使用脚内/外侧、270°脚内/外侧转身、虚晃步法/跃步/剪式步法等。

变化

- 从右边开始。
- 从左边开始。

3.5.2.5 梳子

"梳子"训练的练习重点是向前和向后跑动（180° 改变方向）。教练必须提前确定运球的方向：向前—中心位置—向后等。

预备训练：配对梳子训练

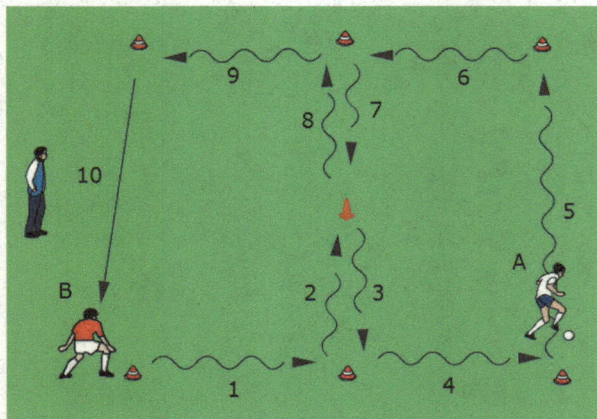

设置

运动员A和运动员B带球站在2-3-2路线的开始锥桶位置。

训练过程

运动员A运球朝前—中心位置—向后—朝下一个锥桶位置跑动，接着返回终点锥桶位置。这里，运动员A将球传给运动员B，运动员B接球之后带球沿着相同路线运球。

执教技巧

在这个基本形式中，运动员一般在中心锥桶位置练习180° 转身技巧。

技巧

- 单脚拖球。
- 使用脚内侧踢球。
- 使用脚外侧踢球。
- 剪式步法。

变化

- 顺时针。
- 逆时针。

在 3 人组中进行持续梳子训练

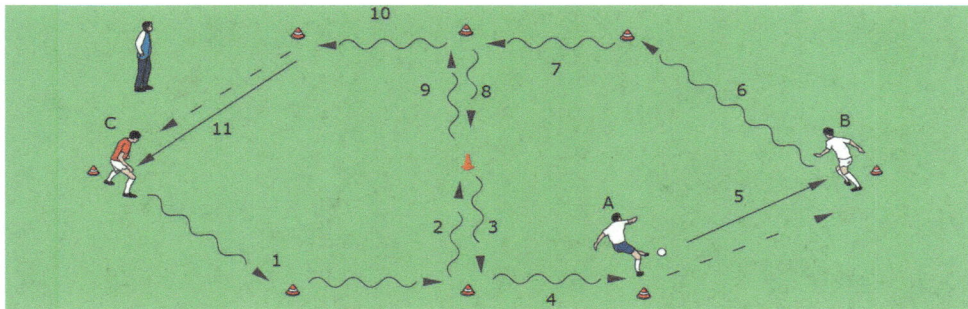

设置

运动员 A 和运动员 B 带球站在 1-2-3-2-1 锥桶路线的开始锥桶位置。

训练过程

运动员 A 运球跑向右边的第一个锥桶位置，接着运球朝向一中心位置一向后一向下一个锥桶位置跑动（1~4）。在最后锥桶位置，运动员 A 将球传给运动员 B（5），运动员 B 接球并按照路线运球（6~10）。在最后锥桶位置，运动员 B 将球传给运动员 C（11），运动员 C 完成整个路线的跑动。

执教技巧

这个基本的训练方式要求运动员练习 180° 转身技巧，特别是在中心锥桶位置时。

技巧

单脚将球往后拖动，使用脚内 / 外侧踢球，剪式步法等。

变化

- 从右边开始。
- 从左边开始。

双梳子训练

设置

设置2-3-3-3-2路线，同时每名运动员带一个球。

训练过程

第二名运动员在第一名运动员向前运球时开始运球。锥桶之间的距离必须适应运动员的年龄和能力。可以逐渐提高运动员运球的速度。

90°转身技巧

- 使用脚内侧踢球。
- 使用脚外侧踢球。
- 270° 脚内/外侧转身。
- 虚晃步法/跃步/剪式步法。

180° 转身技巧

- 使用脚内侧踢球。
- 使用脚外侧踢球。
- 剪式步法。

3倍梳子训练

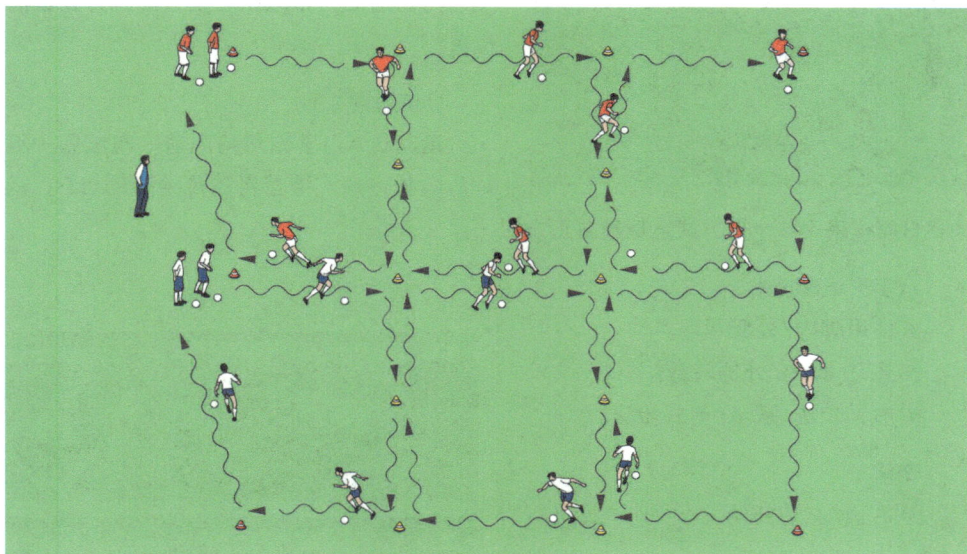

设置

设置路线：3-5-5-3，同时每名运动员带一个球。

训练过程

3倍梳子训练是团队训练的一种重要的训练方式。这个训练包含两个开始点和两个转角点。第一名运动员朝前运球时，第二名运动员在第二个路线开始运球。两组运动员在中间路线相遇时，需运球绕过另一组的运动员。

变化

- 顺时针。
- 逆时针。

3.5.2.6　八字形运球

在方形里面按照以下预先安排的运球方向练习八字形运球。

可以朝右边和左边练习转身，接着在锥桶位置变化基本技术的类型和难度。

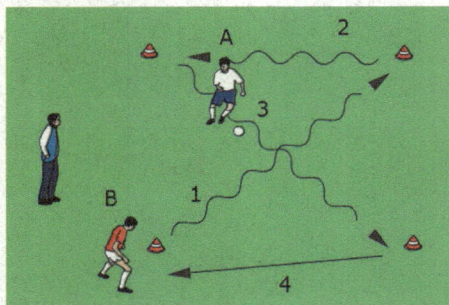

基本训练：搭档训练八字形运球

设置

两名运动员带球站在正方形的开始锥桶位置。

训练过程

运动员A沿着斜对角向前—向左后—斜对角向前运球，接着将球传给运动员B。运动员B同样采用八字形方式运球穿过正方形。

八字形运球技术

● 使用脚内/外侧踢球。

● 270°脚内/外侧转身。

● 虚晃步法/跃步/剪式步法。

变化

从右边/左边开始。

3 人一组进行八字形运球训练

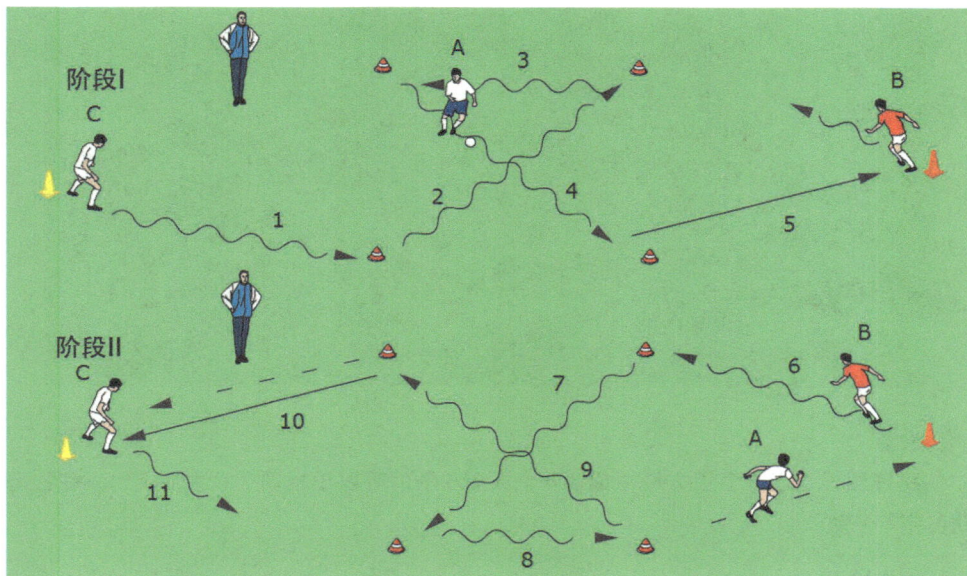

设置

这个路线由开始锥桶、正方形和终点锥桶组成。运动员 A 带球站在开始锥桶位置，运动员 B 站在正方形对面锥桶位置，而运动员 C 在开始锥桶位置等待运动员 B 的传球。

训练过程

运动员 A 从开始锥桶位置开始以八字形方式运球穿过正方形并将球传给运动员 B。运动员 B 接住传球，同时以八字形方式运球并将球传给运动员 C。

执教技巧

这个训练同时包含了一些典型的大组训练规则：双脚左右开弓，经常改变方向，向左和右转身，改变运球角度和频率。

变化

● 确保均衡地训练两条腿，同时八字形运球训练也可以从左边开始。

● 可以向左边和右边完成转身训练，接着在锥桶位置改变基本技术的类型和难度。

循环八字形运球训练

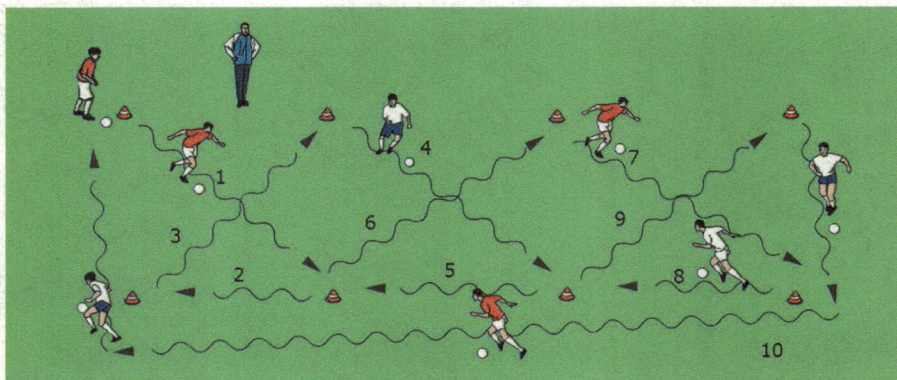

设置

路线里设置了 3 个正方形（或者 4 个或者 5 个，可以根据球员人数而定），每名运动员带 1 个球。

训练过程

运动员在预先设定的路线按照一个方向运球，接着绕着外边返回到开始锥桶位置。如果有 8 名以上的运动员参加训练，那么教练必须增加正方形的行数，以便减少运动员在开始锥桶位置等待的时间。

执教技巧

- 很重要的一点是，运动员清楚跑动和运球的路线，这样他们才清楚接下来的动作。
- 教练可以很容易地观察运球的过程，同时纠正运动员的错误。

八字形运球技术

- 使用脚内/外侧踢球。
- 270° 脚内/外侧转身。
- 虚晃步法/跃步/剪式步法。

变化

- 从左边开始。
- 从右边开始。

设置转点的八字形运球训练

设置

按照 1-3-3-3-3-1 方式放置锥桶，所有运动员都带 1 个球。

训练过程

运动员以八字形方式运球穿过第一行的正方形，到达最后的锥桶位置，接着绕过转角锥桶并返回穿过第二行的正方形。

八字形运球训练的技术

- 使用脚内 / 外侧踢球。
- 270° 脚内 / 外侧转身。
- 虚晃步法 / 跃步 / 剪式步法。

执教技巧

必须不断变化转身的方向、运球方向和技术。

变化

- 顺时针。
- 逆时针。

3.5.2.7　组合

　　可以很容易地将循环训练和大组训练组合起来，这样就可以更好地变化训练的角度和挑战运动员的适应能力。

　　以下例子可以鼓励运动员进行新的训练。这里有无限的想象空间。改变和组合不同的训练可以确保运动员不会感到厌倦，同时一直保持精神集中。新训练的激励和各种不同技术的使用对学习过程很有利。

组合1：按照梳子和之字形方式训练

设置

组合了梳子和之字形形式的训练路线。

训练过程

运动员按照梳子训练所要求的一般技术开始运球，接着在训练的路线中转变为之字形训练所要求的技术运球。

变化

- 顺时针。
- 逆时针。

组合 2：按照之字形和梳子方式训练

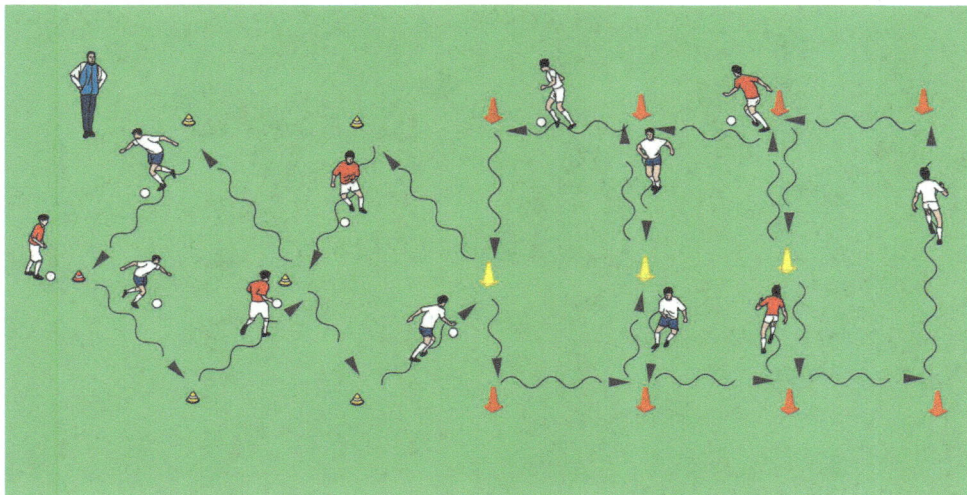

设置

组合了之字形和梳子形式的训练路线。

训练过程

运动员开始采用典型的之字形训练技术，接着在训练过程中转变为梳子训练所要求的技术。

变化

- 从右边开始。
- 从左边开始。

组合 3：八字形运球和梳子形式训练

设置

组合了八字形运球和梳子形式的训练路线。

训练过程

运动员开始按照八字形运球所要求的技术运球，接着在训练过程中转变为梳子形式所要求的训练技术。

变化

- 从右边开始。
- 从左边开始。

按照传球顺序进行之字形训练

设置

4倍之字形和连续动作训练的路线。

训练过程

运动员运球穿过之字形。运动员B不带球并在最后锥桶位置等待（距离之字形 5~9米）。运球员B与运动员A一起完成传切球配合，接着运球员A站在运动员B的位置并等待下一名运动员运球。

执教技巧

针对大组的无限训练也可以将其他的训练组合到一起。大组的训练也包含了这些连续动作。

- 传球。

- 协调训练。

- 射门。

之字形射门训练

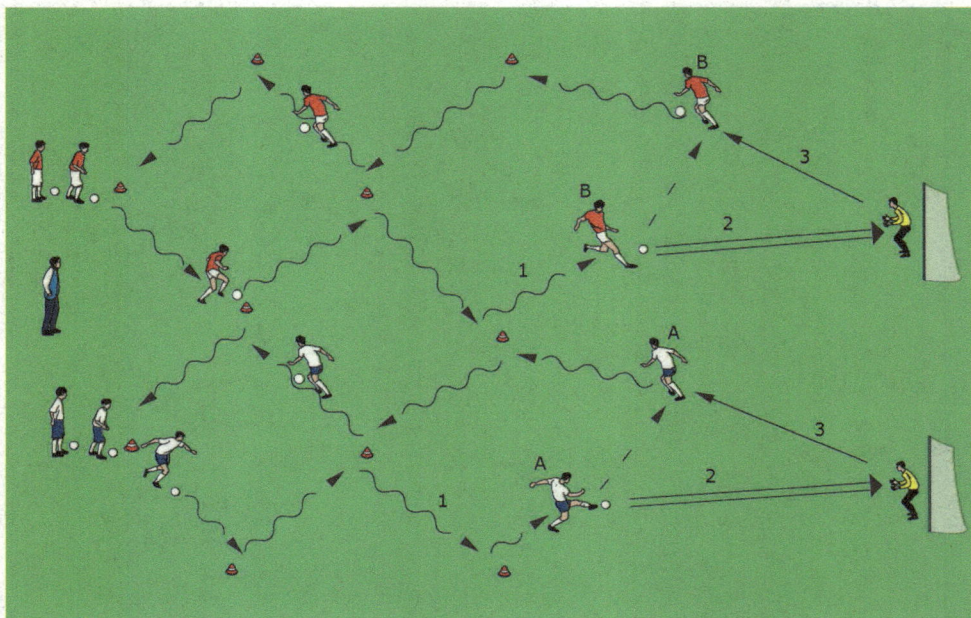

设置

4倍之字形和射门训练路线。

训练过程

运动员运球跑过之字形路线。在每个锥桶后面（距离之字形9~18米）设置小型球门或者有守门员防守的正规球门。运球员在完成之字形运球之后向球门射门。运动员完成射门之后再运球返回开始位置。

执教技巧

- 包含射门的训练往往可以激发运动员的积极性。

- 另外一个任务是在射门之前，运动员要打败一名防守球员。完成射门之后，运动员运球沿预定的路线返回。很重要的一点是，循环训练的时间不可以太长，这样运动员才不会在射门时感到疲劳。

- 这个训练的优点是，运动员不需要等待射门而且还可以反复训练基本动作。

梳子训练和协调训练

设置

完成协调训练之后再进行梳子训练的路线。

训练过程

完成大组训练之后，运动员进行障碍、轮胎、跨栏或者协调梯子等协调性训练。运动员可以在指定区域停下球，接着完成协调性训练，然后再开始运球训练。

执教技巧

- 教练必须确保整个协调训练课程包含了均等的训练负荷以及足够的休息时间。
- 技能锻炼可以创造必要的恢复时间，同时避免一侧的训练负荷过重。

3.5.3 背对对手

背对着球门并等待队友传球的进攻者总是被对手密切注意。这是一个非常令人讨厌的情形！运动员无法看到对手的反应，同时还会感到很大的压力。初学者特别容易紧张，从而出现错误和丢球。

进攻者可以对传给他的球做出 4 种反应。

攻击者可能采取的动作（背对对手）

以二过一的方式直接回传或者传给侧边的队友

在接球时转身

在接球之前先做假动作，然后向左边或右边运球

在接球之后做假动作，然后向左边或者右边运球

3.5.3.1 背对对手时可能采取的动作

1. 以二过一的方式直接回传或者传给侧边的队友

进攻者可以直接将球回传或者传到侧边并避开对手（以假动作的方式）。这会导致出现二过一的情形。掩护传球是非常有效的，这样防守者很难取得控球权。

2. 接球时转身

运动员快速跑向球并避开对手。当他接球时，可以转向对手并向对手运球。在快跑之前的假动作可以误导对手，从而为进攻者争取些许时间优势。

3. 在接球之前先做假动作

在得到传过来的球之前采用假动作（例如，虚晃步法）是非常有效且容易成功的。这种情形会让对手手忙脚乱；进攻者在相反方向运球从而不需要担心丢失控球权。以非常刁钻的角度传球是非常危险的。必须以贴近身体的方式掩护球，这样进攻者就可以掩护球从而避免防守者拦截抢球。

出脚夺球并使用脚外侧直接带球跑动

运动员使用身体掩护接近的球，同时使用脚外侧带球跑动。

出脚夺球并使用脚内侧直接带球跑动

4. 在接球之后采用假动作

　　会出现这样的情形，进攻者背后的对手会向进攻者脚下控制的球发动进攻。进攻者可以使用身体掩护球，使用一个或者两个假动作绕过防守者运球。可以先慢慢将球带到一侧，接着再采用假动作诱惑对手离开自己的位置，然后突然改变方向摆脱防守。

3.5.3.2　练习：背对对手的训练

在背对对手的比赛情形下进行以下预备训练。

运动员要学习面对压力、不看球并观察对手反应，甚至是在背对对手的情况下控球。

a）单独训练

设置

在这个单独训练中，每名运动员都带球站在间距 3~5 米的锥桶位置上。

训练过程

运动员在间距 3~5 米的锥桶间运球。这个训练可以让运动员练习一些可以欺骗到背后对手的必备基本动作。

技巧

- 使用脚内 / 外侧踢球，接着交替双脚踢球。
- 剪式步法 / 跃步 / 虚晃步法。
- 将球拖到支撑腿后面。

执教技巧

运动员可以自信地将球运到一侧、掩护球和改变方向。

b）搭档训练

设置

在这个搭档训练中，每名运动员带球站在（间距3~4米）的锥桶位置。

训练过程

运动员配对站在间距3~4米的锥桶位置上。搭档的出现可以模拟进攻者在面对背后对手时所感觉到的压力。

技巧

- 使用脚内/外侧踢球，接着交替使用双脚踢球。
- 剪式步法/跃步/虚晃步法。
- 将球拖到支撑腿后面。

执教技巧

- 一开始对手是被动的而且只是跟着运动员跑动，然后再稍稍向运动员施压。
- 这样运动员可以学会向一侧安全地运球、掩护球和改变方向。

c）3人一组的训练

设置

2个锥桶间距8~12米，运动员3人一组并带1个球。

训练过程

运动员A（传球员）将球传给运动员B（进攻者），运动员B接球并采用虚晃步法绕过运动员C运球跑向下一个锥桶。运动员A快速跑向运动员C并成为运动员C的防守球员。现在，运动员B是传球员，运动员C是运球员而运动员A是防守球员。运动员B将球传给接球的运动员C，运动员C采用虚晃步法绕过运动员A运球跑向下一个锥桶。运动员B快速跑向运动员A并作为防守者。现在运动员C是传球员，运动员A是运球员而运动员B是防守球员。

执教技巧

- 这是一个模仿比赛情形的逼真训练。在这个训练中，3人一组的运动员要背对对手。
- 这个训练的优点在于变化运动员的任务。每名运动员必须连续担任传球员、运球员和防守球员等角色任务。
- 这个训练同样适用于直接夺球和带球跑动的训练。

传球—控球和掩护球—假动作

d）射门得分训练

一旦运动员掌握了基本的训练，他们也必须在跟进动作（射门或者交叉跑动）训练中使用这些技术。这样运动员才能理解基本训练的目的并且能在比赛情形中看到他们使用这些技术。

传球、假动作和射门

一开始，防守球员只作为方向协助和陪同练习假动作的搭档。这样运球员就可以获得自我肯定，同时在执行所学的假动作时越来越自信。进攻者越好地掌握技术，防守者就必须做出越强的反抗。水平较高的运动员可以进行真实的抢球训练。在第一个阶段，运动员要先接住球，然后骗过对手，接着运球绕过对手。他们必须自由且创造性地练习剪式步法、跃步、虚晃步法和将球拖到支撑腿后面。

在第二个阶段，运球员也可以带着传过来的球绕过对手朝球门运球。事先，他可以在相反方向采用虚晃步法欺骗防守者。初学者可以先尝试改变方向，而防守者（搭档）可以按照预定的方式做出反应。防守者的角色也可以由教练指定。高水平的运动员必须掌握在两侧都能够摆脱/打败按照真实比赛情形做出反应的防守者。

背对对手射门

设置

2 个小型球门，10~12 名运动员。

训练过程

在两侧位置，1 名运动员将球传给被背后对手防守的运球员。在完成一个假动作和短距离运球之后，运球员向小型球门射门，接着跑向另一侧并站到这一行的最后面。

变化

- 较强的防守者。
- 有守门员防守的 2 个正规球门。

3.5.4　在比赛情形中使用

有意识地在比赛情形中使用运球技术，运动员不仅能成为训练场上的冠军，同时还可以成为成功的比赛型运球员，他们不仅必须在诸如之字形或者八字形等封闭式训练中练习所要求的基本动作，同时还必须在比赛情形的最初阶段应用这些技术。从一开始运动员就必须很清楚为何他们即使在睡梦中也必须掌握这些基本技术。经过了集中训练阶段之后，教练可以为运动员营造使用这些技术的机会。

只用一个假动作往往无法摆脱对手。在这种情况下，运动员可以再使用一个假动作来成功地摆脱对手。

3.5.4.1　齐达内转身

对手从侧边进攻

一名运动员朝确定好的运动员运球，稍微踩球然后快速朝相反方向往回拖球。这个动作对于开始跑向侧翼，同时受到防守者施压的边锋非常重要。进攻者可以采用冲刺交叉带球、停球和往回拖球的方式。接着，运动员将球传到一侧或者向另一侧翼踢出，或者运球绕过防守者并直接射门。

3.5.4.2　在阻止被抢球中使用

　　对手从侧边进攻并尝试从运球员手中抢球。这里对手会尝试着使用另一种拦截球的步法。而运球员可以中断运球的动作，然后突然出乎意料地往后面拖球。他可以利用对手应对方向改变的短暂时间快速朝新方向运球，从而赢得传球、快速射门或者轻松运球跑向自由空间的时间和空间。

变化

- 对手在右边。
- 对手在左边。

3.5.4.3　侧翼的比赛情形

全速跑向侧翼，对手进行防守，采用干扰跑动和假动作射门的方式，向中锋传球。

3.5.4.4　中场线的比赛情形

在中场线被拦截抢球，假动作干扰和突破对手，向中场搭档传球，搭档接球并带球跑动，然后在中场线摆脱对手。

3.5.5　在小型比赛和比赛形式中使用

必须经常给运动员在小型游戏和比赛中使用已掌握的技术的机会。在面对对手的比赛情形中，运动员必须掌握大量不同的动作才能创造性地使用难度大的技术。很重要的一点是要将简单的基本动作整合到更加复杂的训练中，以便为学习过程创造基础，从而有利于运动员在稍后的比赛中使用这些技术。1v1、2v2比赛或者奇数对赛（例如，2v3）可以迫使运动员使用假动作方式运球。

3.5.5.1　以射门方式摆脱对手

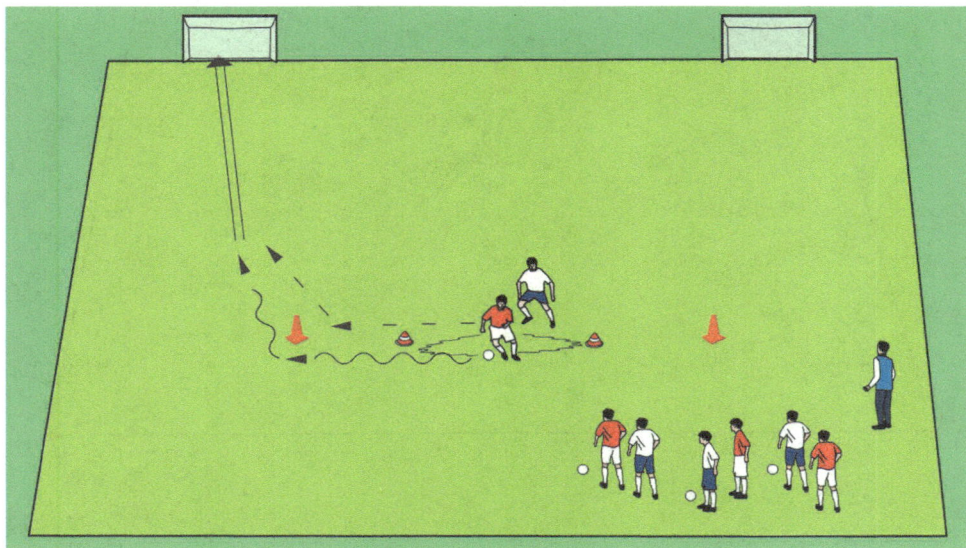

设置

2个转角锥桶和2个目标锥桶，2个间距9米的小型球门（或者2个有守门员的正规球门），运动员配对并带1个球。

训练过程

1名运动员和1名防守者站在间距4~5米的目标锥桶中间。运球员尝试使用快速的连续假动作摆脱防守者。如果他成功了并按时到达外面的转角锥桶位置，那么他可以向小型球门射门。接着是下一对运动员进行训练。

执教技巧

- 具备技术的进攻者可以扰乱他的对手或者误导对手跑向一侧，从而赢得些许时间优势。
- 他现在可以从无阻碍的路线射门。
- 他必须一直掩护球，因为如果防守者将球踢开了，那么他们就必须交换角色。

3.5.5.2　1v1沿线对抗

设置

使用4个锥桶设置5米×7米的长方形场地进行1v1对抗。

训练过程

在5米×7米的长方形中，两名运动员进行1v1对抗。球门是进攻者对面的两个锥桶之间的一条线。如果进攻者运球跑过这条线，那么就是有效得分。直到防守者拦截球并成为进攻者。这个比赛的持续时间不可以太长（最多1分钟），这样运动员才不会太疲劳。

3.5.5.3 2v2沿线对抗

设置

比赛场地：边长为7米×11米的长方形，在终点线进行2v2对抗，4个锥桶，1个球，每4名运动员中有2名运动员穿着标识性背心。

训练过程

在长方形场地里进行2v2比赛。这个比赛比1v1对抗存在更多的变化，因为球队的两名运动员可以运球或将球传给搭档。这个比赛会出现很多拦截抢球的情形，因此进攻者可以完成所要求的假动作和运球技术训练。

其他比赛阵式

- 1v2
- 2v3
- 3v3
- 3v4

3.5.5.4　有4个小球门的1v1对抗

设置

边长为11米×5米的长方形，同时在每条长边设置2个小球门。

训练过程

以1v1形式进行比赛。每支球队有2名运动员，其中1名运动员作为替补运动员可以在比赛开始45秒以后随时上场。运动员可以尝试使用熟练的运球方式和各种假动作，以便向两个球门的其中一个发起快攻。只有运动员使用双脚运球越过球门线时才是有效的进球得分。比赛时间为2~3分钟。

执教技巧

- 在组织淘汰赛时，可以在换人时增加主动恢复时间，因为这个比赛会令运动员非常疲劳。
- 比赛场地和球门的大小可以根据运动员的年龄和能力而定。

3.5.5.5 在两倍禁区大小的场地中进行4v4对抗

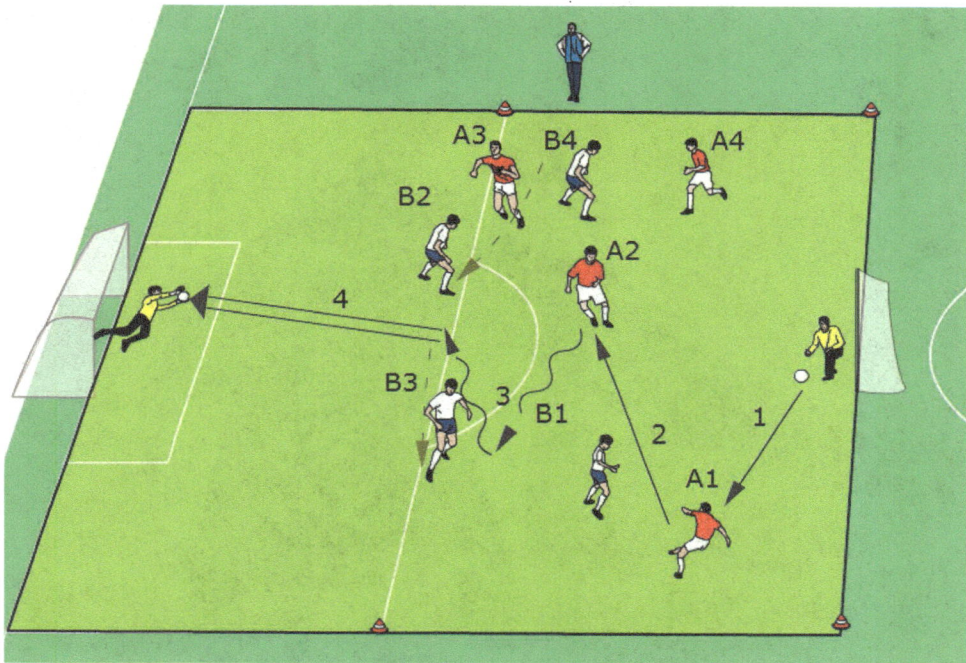

设置

在两倍禁区大小的场地中设置2个有守门员防守的球门进行4v4比赛。

训练过程

设置2个有守门员防守的球门进行自由比赛。在狭窄的空间里，运动员有大量的机会使用所掌握的假动作跑向射门的位置。这个比赛的特点是组合了快速传球和拦截抢球等技术。

变化

可以加倍训练，以运球方式实现成功进球的技术，鼓励运动员勇于冒险和主动拦截抢球。

第 4 章　传球

　　完美控球的同时也意味着能够准确地结束一个动作。传球是足球运动员最常使用的动作，同时也是球队比赛的基本要素，因为传球可以实现球队各个队员之间的联系。

4.1　基本理论

　　控球和传球两者有很多相同之处，这就是为何很多控球训练也同样适用于传球训练。

运动员必须能够完成各种不同方式的传球。

- 使用脚内侧和外侧、正脚背或者脚背内侧、头部和脚后跟。
- 斜对角传球、曲线很陡的传球、传中球或者向后传球。
- 弧线球或非弧线球。
- 以恰当的速度直接传到脚下或者自由空间。
- 二过一或者通过第 3 个人传球。
- 超过对手身高的高球或者穿过两名或者多名运动员位置之间缺口的传球。

挑球高过对手的脚

特定的比赛和左右开弓的训练

现代足球的节奏往往让运动员没有时间控制球以及在比赛中换到自己更擅长的腿踢球。能够使用右脚和左脚传球的运动员可以提高比赛的速度,同时获得更多射门的机会。传球一般要求一定的战术情形,这就是为何训练必须组合其他重点技术的原因。

传球训练的执教要点

- 在比赛情形下定向传球的准确性和速度。
- 低传比高传的速度更快且更容易控制。
- 传球的时机至关重要。
- 在接停球之前可以采用虚晃跑动方式迷惑对手。
- 将球传到距离对手最远的运动员脚下。
- 运动员之间良好的语言和非语言交流(传球运动员和接球运动员之间的眼神交流)。

纠正提示

● 低传球要踢球的中心位置，而高球要踢球的底部。

● 使用脚内侧传球不仅最安全、最准确，而且最容易让运动员理解。使用脚外侧
传球往往是在没有做好准备的情况下，因此要加倍小心。使用脚外侧传球时只
踢到球表面很小的部分，因此对技术要求更高。

定点传球

4.2　面向初学者的训练

4.2.1　搭档训练1（带球）

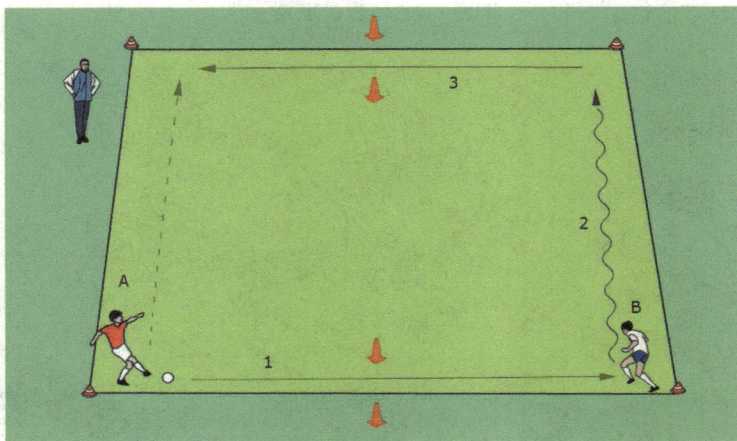

设置

边长为5~7米的正方形，在两条平行侧边上各设置1个锥桶球门（锥桶间距1~2米），每对运动员带1个球。

训练过程

运动员A将球从球门传给运动员B后跑向另一侧，运动员B从侧边接球之后运球跑向另一侧，然后从另一个球门将球回传给运动员A。

变化

- 向左边和右边两侧转身。
- 用左脚和右脚传球。
- 改变锥桶之间的间距。

观察点

- 适时和准确地传球。
- 使用左脚内/右脚外侧逆时针方向控球和带球跑动。
- 从运球到传球保持流畅的控球节奏。
- 加快传球的节奏和训练执行的流畅性。

4.2.2　搭档训练 2（带两个球）

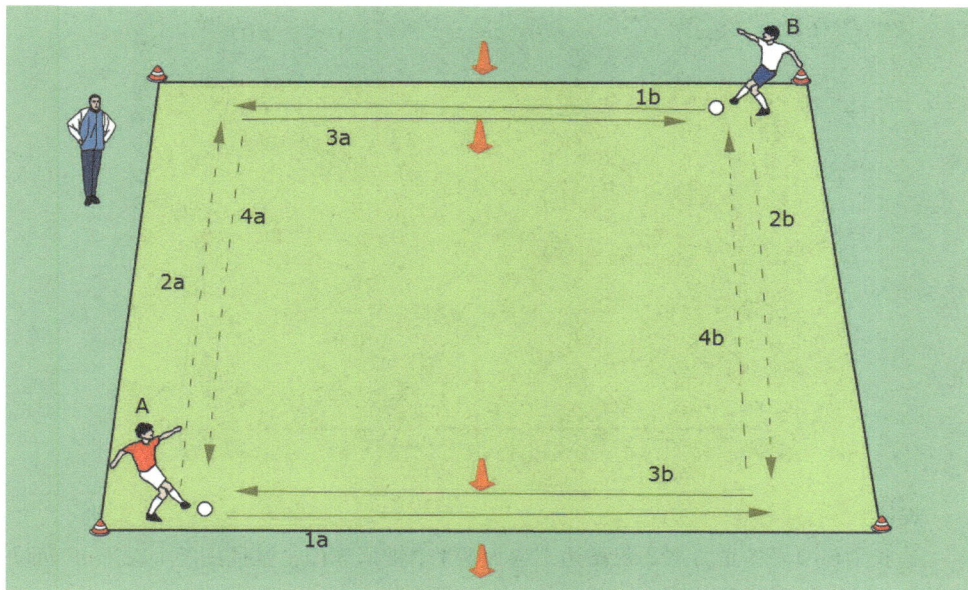

设置

边长为 5~7 米的正方形，在两条平行的侧边上各设置 1 个锥桶球门（锥桶间距 1~2 米），每对运动员带 2 个球。

训练过程

运动员 A 在适当的时机下将球穿过球门传到运动员 B 的一侧，同时运动员 B 将球从另一个球门传给运动员 A。传球后两名运动员快速跑向对方的传球并控球，以便再次回传球。

变化

● 向左边和右边两侧转身。
● 使用左脚和右脚传球。
● 改变锥桶之间的间距。
● 不停球直接传球。

观察点

● 适时和准确地传球。
● 加快传球的节奏和训练执行的流畅性，以及搭档之间良好的协调性。

4.2.3　在正方形中循环传球（5人一组）

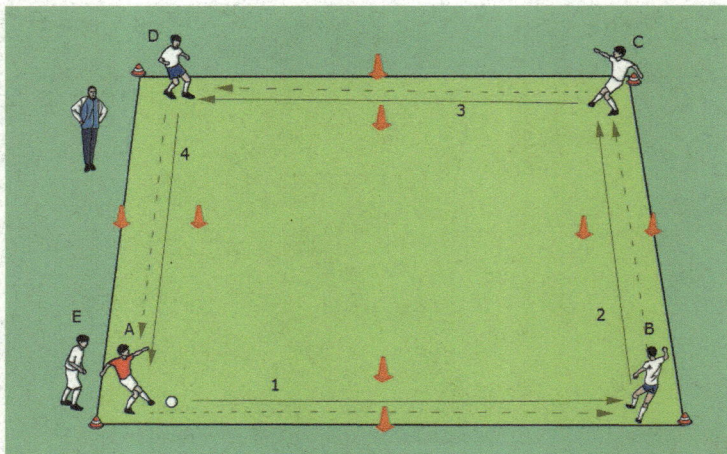

设置

边长为5~9米的正方形，每条边上各设置1个锥桶球门（锥桶间距1~2米），运动员5人一组并带1个球。

训练过程

运动员A在适当的时机下将球穿过球门传给运动员B，运动员B以两次触球的方式将球传给运动员C。运动员C以两次触球的方式将球穿过下一个球门传给运动员D，运动员D以两次触球的方式将球传给运动员E。每名运动员都跟着他们的球跑动并在下一个锥桶位置等待接球。

变化

- 顺时针/逆时针转身。
- 使用左脚和右脚传球。
- 改变锥桶之间的间距。
- 不停球直接传球。
- 跑到可以接住传球的位置。

观察点

- 适时和准确地传球。
- 加快传球的节奏和训练执行的流畅性。

4.2.4　在三角形中传球

设置

在三角形的每个转角站1名运动员（不带球）。3~5名运动员分别带球站在开始锥桶位置等待训练。

训练过程

运动员A将球传给运动员B，运动员B控球并将球传给运动员C（两次触球的方式）。运动员C控球并快速运球返回开始位置。每名运动员传球后都跟着他们的球跑动并站在下一个锥桶的位置。

变化

- 在两个方向同时开始。
- 采用虚晃的跑动动作。
- 改变锥桶之间的间距。

观察点

- 适时和准确地传球。
- 加快传球的节奏和训练执行的流畅性。

4.2.5　将球传到运动员的跑动路线上

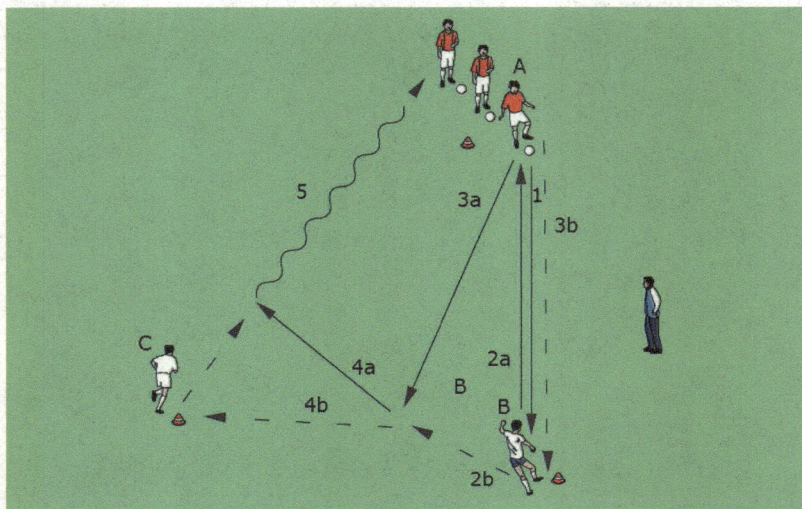

设置

2名运动员不带球站在三角形前面的2个锥桶位置（三角形边长：5~9米）。带球的3~5名运动员站在第3个锥桶位置。

训练过程

运动员A将球传给运动员B，运动员B直接将球回传，同时自己做好接侧面传球的准备。运动员A将球传到运动员B的跑动路线上并占据他的位置。运动员B将球传到运动员C的跑动路线上，同时跑向运动员C空出来的锥桶位置。运动员C控球之后运球跑向该组的最后位置。接下来开始位置的运动员将球传给运动员A。

变化

- 在两个方向同时开始训练。
- 采用虚晃跑动动作。
- 改变锥桶之间的间距。

观察点

- 适时和准确地传球。
- 在不改变节奏和安全控球的情况下开始运球。
- 加快传球的节奏和训练执行的流畅性。

4.3　面向高水平运动员的训练

4.3.1　在三角形中传切球

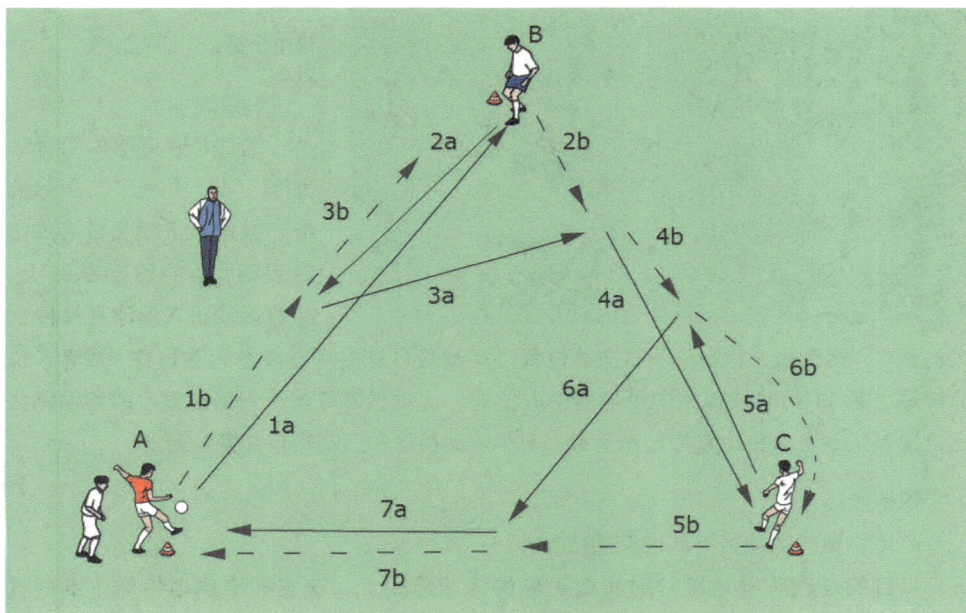

设置

运动员不带球站在三角形的2个锥桶位置（三角形边长为5~9米）。2名运动员带1个球站在第3个锥桶位置。

训练过程

运动员A将球传给运动员B，接着与运动员B进行传切球配合。运动员B直接将球传给运动员C，接着与运动员C进行传切球配合。运动员分别跟着球跑到下一个锥桶位置。

执教技巧

- 在这个训练中，将球向不同方向传到运动员的跑动路线上。
- 训练中可以改变传球的压力强度、踢球的敏感性和将球踢到运动员跑动路线的时机。
- 这个练习也可以按逆时针方向进行。

4.3.2　在菱形中直接传球——基本训练

设置

使用4个锥桶设置一个菱形，运动员每4人一组并带1个球。

训练过程

运动员A将球传给运动员B，同时快速跑向菱形的中心位置。运动员B将球传到运动员A的跑动路线上，接着运动员A将球直接传给运动员C。运动员A和运动员B交换位置。运动员C直接将球传给运动员D（或者在快速控球之后），同时快速跑向菱形的中心位置，运动员D将球传到运动员C的跑动路线上，接着运动员C将球直接传给运动员B。运动员C和运动员D交换位置。

执教技巧

- 传切球的运动员不断地交换位置。
- 目的是在正确地跑动时和在正确的传球路线上，快速和准确地传球（准确性比速度更重要）。
- 传球员必须将球传到传切训练的运动员脚下。
- 如果没有准确停球，那么最好先控球，然后再接着传球（在必要的情况下可以多次触球）。
- 运动员必须精神高度集中，同时相互之间要良好沟通。

变化

- 从相反方向传球。
- 可以采用虚晃跑动步法。
- 增加防守球员，传切球的运动员可以冲破防守，向接球的运动员传球。
- 传球员可以使用脚外侧的脚踝踢球。

4.3.3　在菱形中直接传球（变化1）

设置

使用4个锥桶设置一个菱形，运动员8人一组并带1个球。

训练过程

运动员A将球传给运动员B，同时快速跑向菱形的中心位置，运动员B将球传到运动员A的跑动路线上，同时跑到运动员C的位置上，运动员A直接向运动员C传球，同时跑向运动员B的位置，运动员C直接向运动员D传球，同时快速跑向菱形的中心位置，运动员D将球传到运动员C的跑动路线上，同时跑到运动员A的起始位置上，运动员C向运动员A2直接传球，同时占据运动员D的位置。

变化

- 从相反方向传球。

执教技巧

- 传切球运动员的跑动路线与基本形式中的跑动路线不同：传切球的运动员不用与传球员交换位置，而是直接快速跑向下一名传球员。

4.3.4　在菱形里直接传球——二过一

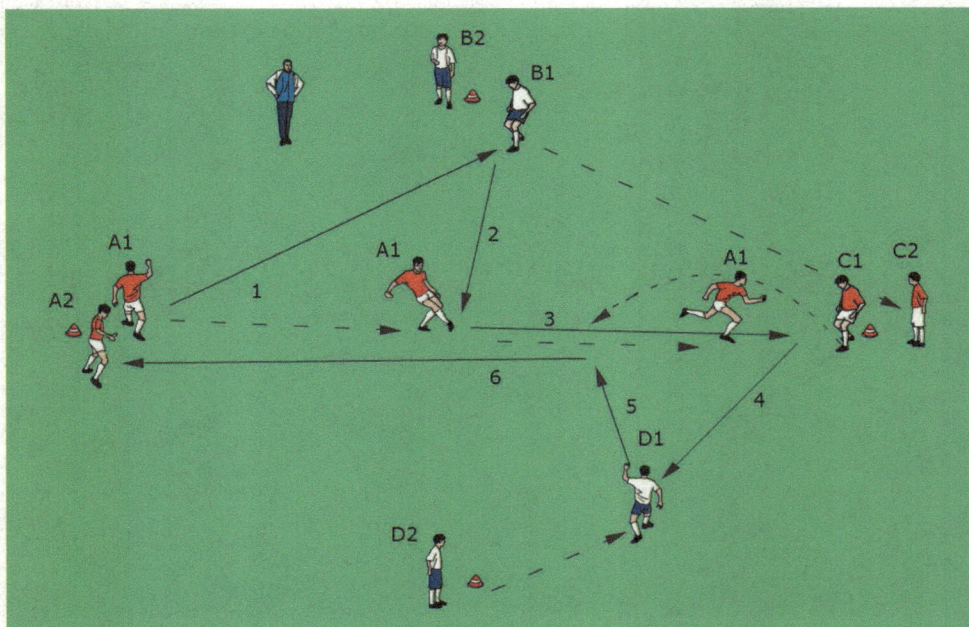

设置

使用 4 个锥桶设置 1 个菱形，运动员 8 人一组并带 1 个球。

训练过程

运动员 A1 将球传给运动员 B1，同时快速跑到菱形的中心位置，运动员 B1 将球传到运动员 A1 的跑动路线上，同时跑到运动员 C 的位置，运动员 A1 直接将球传给运动员 C1，同时快速跑向他们，运动员 C1 与运动员 D1 完成二过一配合，然后绕过快速跑向他的伴演防守者的运动员 A1，运动员 D1 将球传到运动员 C1 的跑动路线上，然后跑到运动员 A2 的位置，运动员 C1 直接将球传给运动员 A2，然后以防守者的角色快速跑向运动员 A2。

变化

- 向右侧传球。
- 如果不使用二过一的方式，那么传球员就只能假装使用二过一的方式绕过进攻者运球。

执教技巧

- 如果进攻运动员快速跑到较近的位置，那么运球员就只能接传球。否则，他必须在快速控球之后采用二过一的运球方式。
- 采用虚晃跑动步法。

4.3.5　之字形传球比赛

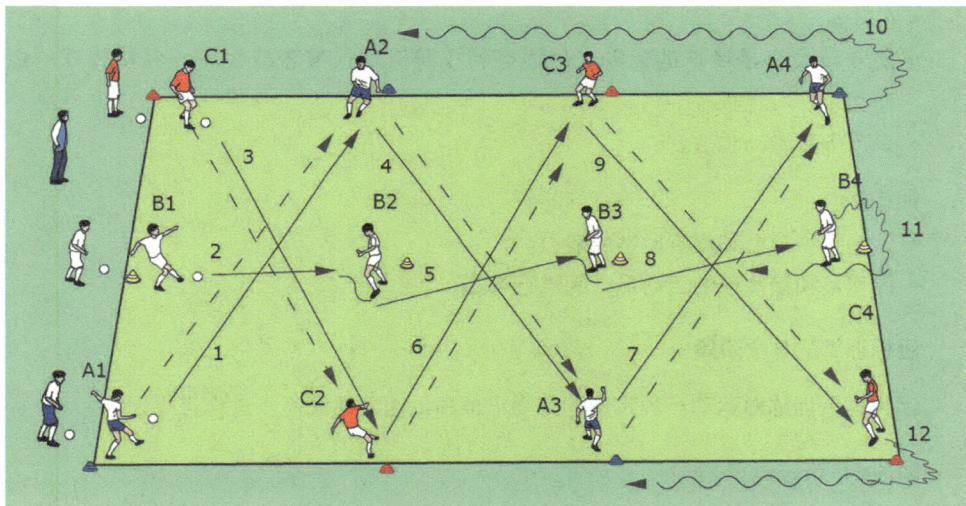

设置

按之字形在外面位置放置间距7~11米的红色和蓝色锥桶，而在中心位置放置黄色锥桶。带球的运动员站在开始位置，不带球的运动员分别站在其他的锥桶位置。

训练过程

A组运动员在快速控球之后将他们的球斜传给下一名运动员（A2、A3、A4）。传球员跟着他的球跑动，接着占据接住传球的运动员的位置。C组的运动员稍后用传中球的方式完成相同的训练。第一名中间运动员（B1）以高倾斜角度将球传给运动员B2，运动员B2在控球之后快速转身（在背对对手的情形下）将球传给下一名运动员。最后的运动员运球穿过场地中心位置，然后跑到开始锥桶的位置。

执教技巧

- 触球的次数和锥桶之间的间距可以根据运动员的能力和训练重点而定。
- 根据比赛场地的情形，快速且准确地传球。
- 准确性比速度更重要。

变化

- 组与组之间有条不紊地交换角色（A组变成B组，B组变成C组，而C组变成A组）。
- 防守球员在接传球的运动员后面等待（防守球员接着成为下一名接传球的运动员）。
- 采用虚晃跑动步法。

训练重点

- 训练观察能力和理解比赛的能力。
- 传球员和接传球的运动员之间进行沟通。

目标训练的3个阶段

因为这个训练对运动员的定位能力要求很高，因此建议逐步进行目标训练。

阶段1：定位运球

运动员可以运球寻找位置，首先从开始锥桶位置朝预定锥桶位置运球，接着返回到开始位置，然后再运球跑到下一个颜色锥桶位置。

阶段2：控球并传球

触球的次数（3次、2次或1次）必须根据中心位置的情形而定，但最重要的是尽可能快地传球。

阶段3：尽可能快地传球

尽可能快地传球（根据情形，如果有运动员在运球路线上，那么运动员必须稍微控制球，然后再快速传球）。

4.4　训练

4.4.1　单边传球

4.4.1.1　3v1基本训练

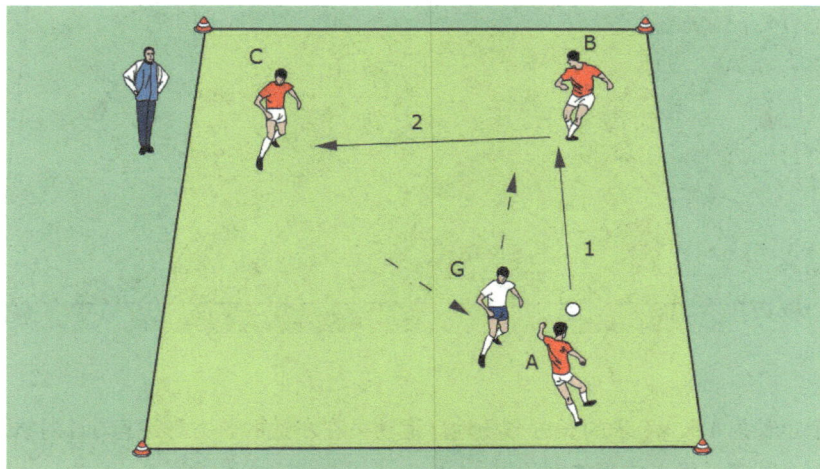

设置

边长为5米×5米的正方形场地（大小可以根据运动员能力而定），3名运动员站在场地内靠外的位置，1名运动员站在中间位置。

训练过程

3名站在靠外位置的运动员在正方形内相互传球，站在里面的运动员尝试抢球。接着，站在外面丢失控球权的运动员站到中间位置。

变化

- 自由传球。
- 两次触球。
- 直接传球。

执教技巧

- 正确地跑到自由空间往往可以创造两个传球点。
- 防守运动员巧妙地防守并迫使对手出现传球失误。

4.4.1.2　3v1对抗转变为（3+1∨1）对抗

设置

2个边长为4米×5米的长方形场地。运动员在左边的长方形进行3v1对抗，然后可以将球传给第二个长方形的运动员。

训练过程

运动员在左边的长方形进行3v1训练。球队1名额外的运动员站在另一个长方形里。在向另一场地的运动员完成成功的传球之后，靠近另一场地的两名同队运动员和站在中间的1名另一队运动员跑向另一场地与接球球员进行3v1对抗训练。如果站在中间的运动员触球，那么失误的运动员必须站到中间位置。

变化

● 两次触球。
● 直接传球。

执教技巧

● 自由跑动的运动员必须尽可能早地到位等待接球，以便让对手没有机会抢到球，同时为队友提供跑到位置的时间。
● 训练目标是：转换比赛同时向前跑动，构成三角形阵式，同时向纵深处传球。
● 防守运动员巧妙地防守并迫使对手出现传球失误。

4.4.1.3　4v2 基本训练

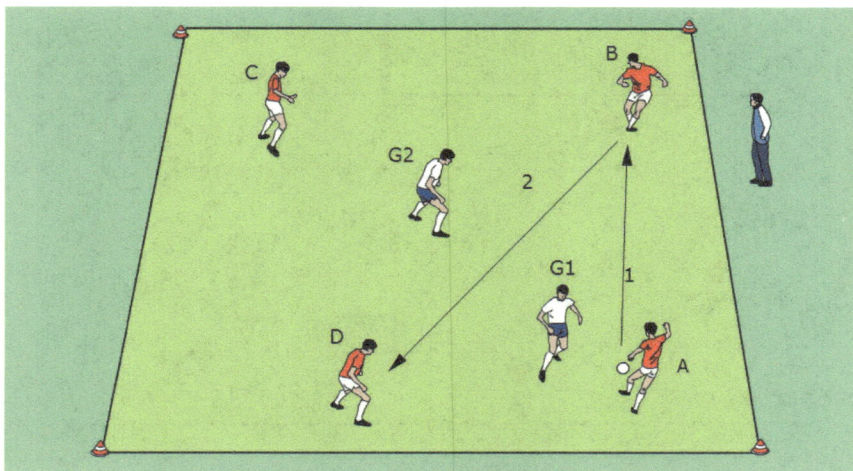

设置

边长为 9 米 ×9 米的正方形场地，4 名运动员站在场地内靠外的位置，两名运动站在中间位置。

训练过程

站在靠外位置的 4 名运动员可以绕着正方形自由传球，而站在里面的运动员要尝试抢球。站在靠外位置出现失误的运动员要站到中间位置。而在中间位置时间最长的运动员可以站到靠外位置。

变化

- 自由传球。
- 两次触球。
- 直接传球。
- 防守的运动员必须努力地拦截，以便抢到球。
- 防守运动员彼此之间必须进行一次传球。

执教技巧

- 正确地跑到自由空间。
- 定位同时充分利用防守缺口。
- 准确传球。
- 防守运动员巧妙地防守并诱惑对手传球失误。

4.4.1.4 4v2对抗转变为（4v2+2）对抗

设置

2个边长为9米×9米的正方形场地，运动员在左边正方形进行4v2对抗训练，然后将球传给第二个正方形的2名运动员。

训练过程

运动员在左边正方形进行4v2对抗训练。另外2名运动员站在外面的另一个正方形。在成功地将球传到另一个正方形的运动员之后，靠近另一场地的2名运动员和站在中间的2名运动员向另一场地跑动进行4v2对抗训练。如果站在中间的运动员触球，那么失误的传球运动员必须站到中间位置。在中间位置站立时间最长的运动员可以与传球运动员互换位置。

变化

- 两次触球。
- 直接传球。

执教技巧

- 正确地跑到自由空间。
- 定位同时充分利用防守缺口。
- 准确传球。
- 转换比赛形式同时向前跑动。
- 三角形阵式和长传。
- 防守运动员巧妙地防守并迫使对手出现传球失误。

4.4.1.5　4v2 对抗转变为（4v2 +1 +1）对抗

设置

设置 3 个边长为 9 米 × 9 米的正方形场地，运动员在中间正方形进行 4v2 对抗训练，在外面的 2 个正方形分别有 1 名运动员等待接住传球。

训练过程

4 名运动员与 2 名运动员在中间正方形进行对抗训练。外面 2 个正方形分别站立 1 名运动员，站在外面的运动员必须站在距离中间正方形尽可能远的位置。在成功地将球传给外面一侧的运动员之后，中间正方形场地中靠近这一侧传球的 2 名运动员和中间的 2 名运动员向这一侧跑动构成一个新的 4v2 对抗比赛阵式。如果站在中间的运动员触球，那么失误的运动员必须站到中间位置。站在中间位置时间最长的运动员可以与传球运动员互换位置。

变化

- 两次触球。
- 直接传球。

执教技巧

- 正确地跑到自由空间。
- 定位的同时充分利用防守缺口。
- 准确传球。
- 转换比赛形式同时向前跑动。
- 三角形阵式和长传。
- 防守运动员巧妙地防守并迫使对手出现传球失误。

4.4.1.6　在正方形外面进行6v4对抗

设置

球队A的6名运动员在外面边长为14米×14米的正方形外面训练（场地大小可以根据运动员的年龄和能力设置）；球队B的4名运动员在正方形的里面训练。

训练过程

每次将球传过正方形给外面的运动员，球队B尝试通过巧妙的跑动停下球并获得控球权。在完成预定时间的训练之后，外面的4名运动员与里面的4名运动员交换位置。

变化

- 绕着中场的圆圈比赛。

执教技巧

- 快速定位防守缺口，同时向运动员快速传球。
- 改变正方形的大小，以便平衡外面的运动员成功传球和里面的运动员抢到球的机会。

4.4.1.7　在长方形中进行 6v4 对抗

设置

设置边长为 18 米 × 14 米的长方形场地，球队 A 有 6 名运动员，球队 B 有 4 名运动员。

训练过程

在完成一定数量的传球（如 10 次）之后，球队 A 可以得 1 分。球队 B 尝试通过巧妙的防守来阻止他们。如果人数较少的球队抢到球，那么他们可以通过拖延时间来尽可能地保留控球权。

变化

● 运动员人数较多的球队可以有两次触球的机会。
● 人数较少的球队可以直接传球。

执教技巧

● 快速且准确地传球，以便尽可能地减少风险。
● 通过出色布置优秀运动员和聪明地跑到自由空间的方式可以创造很多传球的机会。
● 定位同时充分利用防守缺口。
● 人数较多的球队也必须占据中间位置。

4.4.2 有中立运动员的单边比赛

4.4.2.1 设置两名中立运动员的1v1+2训练

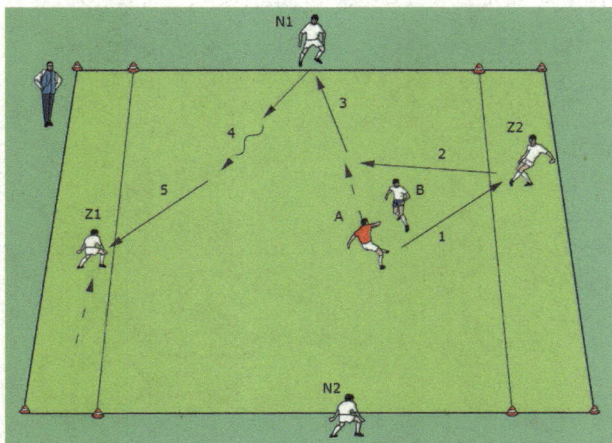

设置

边长为9米×9米的正方形场地（或者边长为7米×15米的长方形）；外加2名中立运动员和2名目标运动员的1v1对抗训练。

训练过程

运动员在正方形中进行1对1对抗训练，而2名额外的中立运动员站在两条边线配合传球。2名目标运动员站在正方形两边的中点位置。向目标运动员传球可以得一分。但是不能将球直接传给相同的目标运动员，那么在此之前必须将球传给任意一名中立运动员或者传过了比赛场地的中间位置，才是有效得分。

变化

- 直接向中立运动员传球。
- 2v2（场地大小：14米×14米）。
- 3v3（场地大小：18米×18米）。
- 4v4（场地大小：23米×23米）。

执教技巧

- 包含充分的主动恢复阶段。
- 运动员经常交换角色训练。

4.4.2.2　2v2+4名中立运动员站在转角位置

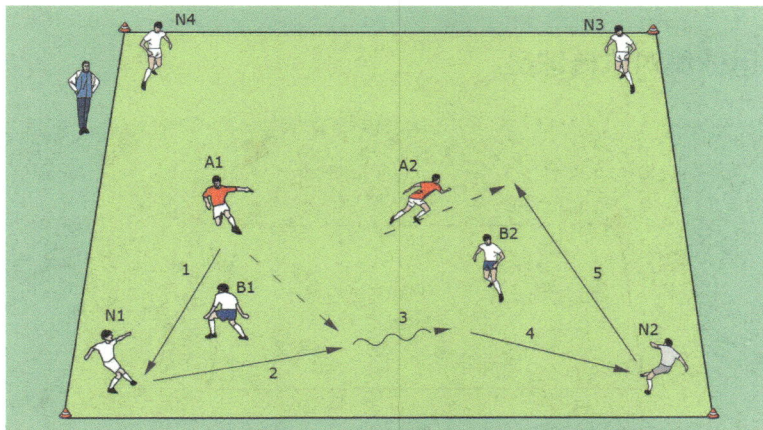

设置

边长为15米×15米的正方形场地（或边长为10米×20米的长方形）；4名中立运动员站在正方形的转角位置。

训练过程

以4名中立运动员站在转角位置的方式进行2v2比赛。目标是尽可能长地保持控球权。计算防守运动员取得控球权的时间。如果有人出现失误（球被抢或者球出界），那么另一支球队获得控球权。

比赛时间：1分钟。接着2名中立运动员与场地中进行2v2比赛的2名运动员互换位置。

变化

- 4名中立运动员一起传球。
- 3v3。
- 4v4。

执教技巧

- 这个比赛会令运动员非常疲劳，因此必须不断地改变运动员的角色。
- 必须主动进行休息（颠球练习）。

4.5 小型比赛

4.5.1 运球员对抗传球员

设置

1 支球队带 1 个球，同时球队的运动员沿着边长为 5 米 × 2 米长方形（可以根据训练的重点和运动员的能力设置）的短边均等地分散站立，而另 1 支球队的每 1 名运动员（运球员）都带 1 个球并站在边长为 5 米 × 9 米的长方形外侧的开始位置。

训练过程

在发出开始信号之后，第一支球队的运动员必须尽可能快地在场地之间来回传球，同时运动员传球后快速跑向另一边。每次传球可以得 1 分。第二支球队的运动员同时绕着长方形运球。最后一名运动员到达终点位置时，教练停止计算传球的次数。不可以站在长方形里面传球。

变化

- 改变球门锥桶的间距和距离。
- 改变运球的方式（障碍运球、运球技术）。

执教技巧

● 运动员在这个比赛中运球时会有时间压力。

● 可以使用各种不同的方式，同时还可以经常将技术任务和条件任务组合到一起。

● 考核实际任务的执行方式应该非常简单，因此教练可以只注重技术任务的得分计算。

4.5.2 绕着正方形传球

设置

每支球队有4名运动员并带1个球，正方形场地的边长为4~6米。

训练过程

教练发出信号之后，球队必须尽可能快地绕着正方形传球。看看哪支球队在指定的时间内（1~2分钟）完成最多的传球圈数。

变化

● 顺时针／逆时针传球。

● 可以两次触球。

● 专业版本：只可以直接传球（不是直接传球的球队输掉比赛）。

执教技巧

如果运动员的人数无法以4倍方式进行分配，那么教练可以设置1个与正方形边长一样的三角形或者五边形来让运动员同时进行比赛。

4.5.3 传球穿过球门比赛

设置

每对运动员都有 1 个球，同时每个比赛场地由 4 个间距 30~45 厘米的锥桶构成。

训练过程

将球穿过中间的球门开始比赛。每名运动员可以触球两次。在首次触球之后，接住传球的运动员可以带球跑向一侧，接着在第二次传球之后，该名运动员将球回传到另一侧。运动员不可以从相同的球门回传球。最先获得 10 分的运动员赢得比赛。

如下情况运动员可以得 1 分。

● 对手触球次数超过两次时。

● 对手传球时球碰到锥桶时。

● 对手从相同的球门回传球时。

执教技巧

● 洞察力和在恰当的时机下站在正确的位置。

● 双脚可以流畅地左右控球和传球。

● 反应能力和预测能力。

变化

- 改变传球技术。
- 淘汰赛设置。
- 增加球门数目（5个锥桶——4个球门）。

4.5.4 传球

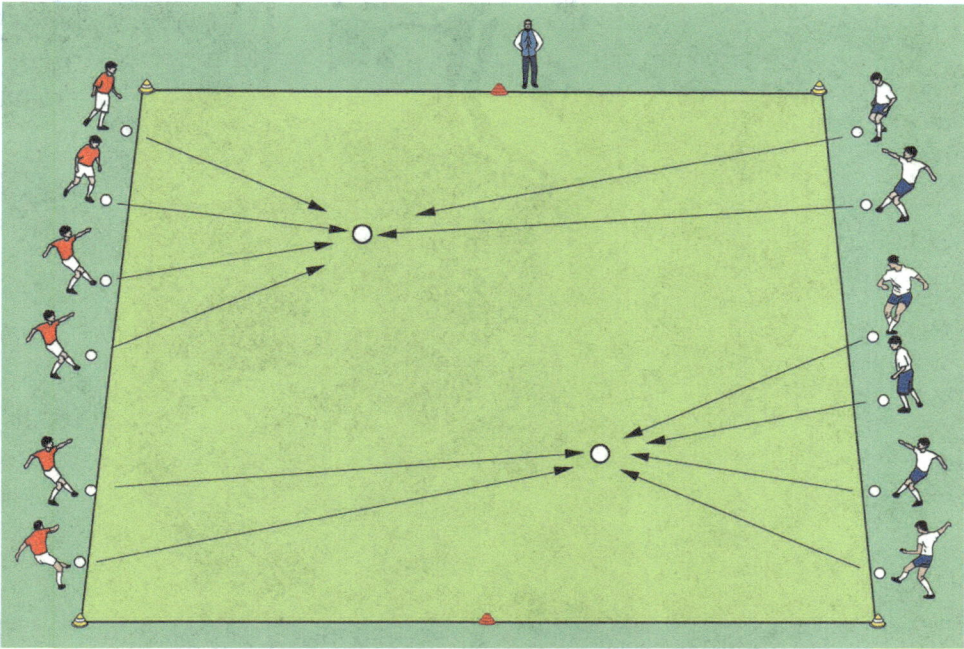

设置

在限定的场地外，2支球队分别带球面对面站着。在场地的中间放置1个轻的实心球。

训练过程

两支球队都尝试使用自己的球将实心球踢到对方一侧的线外。他们只可以站在场地外面。如果足球停在运动员可以接触到的场地里面，那么他们可以快速地将球带出来。

第 5 章　传中球

5.1　基本理论

良好的传中球能力是可以训练出来的，而集中训练和反复训练才能够实现高水平的传中球。

传中球技术

- 进攻者必须接住准确的传中球。将球踢得更远更高，防守的运动员就需要更多的时间跑向球。

- 必须在跑动中而不是在站立位置进行传中。

- 在最后一脚进行传中时，运动员必须在稳定支撑脚的同时将球往自身方向带并朝传中方向转身；支撑脚的脚趾也必须是朝传中方向的。

完成大多数传中的技巧

- 在近的和远的球门柱位置必须总有一名运动员。
- 前锋的时机：前锋必须横向跑动，这样他们才可以在距球快停下来的5~9米位置接住球，同时用力射门。
- 进攻者必须在球门前以虚晃跑动并以传中球的方式为运动员创造机会。
- 必须自信且果断地采用传中球的方式。
- 在头球对决时必须勇敢且无畏（头球时不能闭上眼睛）。
- 练习使用左右脚和从两侧进行传球。

5.2　练习：提供和利用传中球

5.2.1　传中球路线

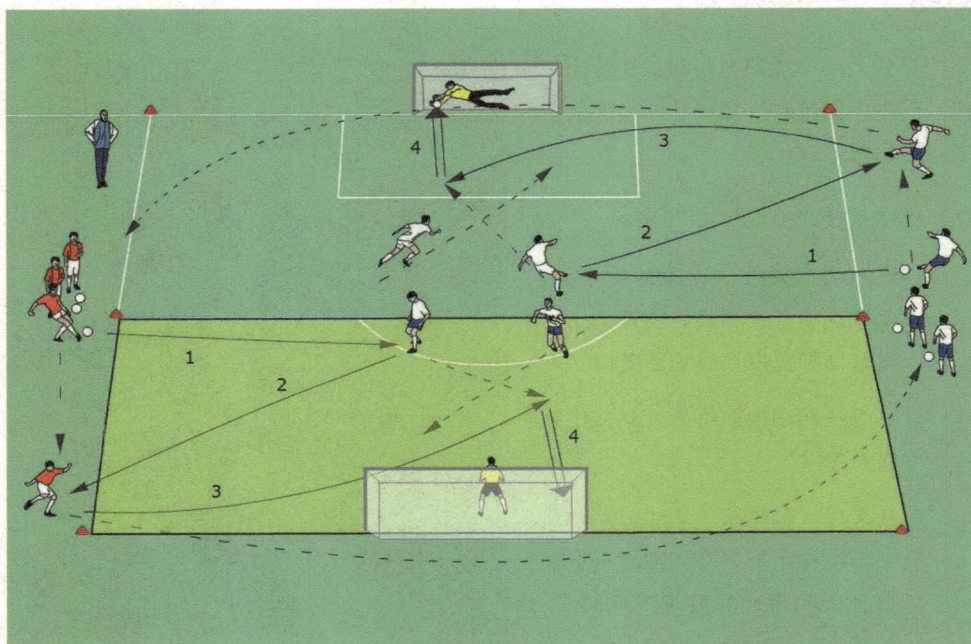

设置

　　1个半场、2个有守门员防守的球门、每个球门前面有2名进攻者，其他的运动员分散站在场地外面的两侧。

训练过程

　　两组的第一名运动员与进攻者进行传切球配合（1，2），接着从底线将球传中给另一名进攻者（3）。2名进攻者交叉跑到自由空间接住传过来的球。进攻者必须尽可能直接改变传中球的方向（4）射门。接着，传中的运动员重新控球并站在场地的另一侧。

5.2.2 在搭档团队行动之后进行传中

设置

1个半场、1个有守门员防守的球门、2名参训的边锋和2名站在有守门员防守的球门前面的进攻者。

训练过程

边锋A和边锋B相互传球跑到底线位置。接着，2名边锋的其中一名将球传中给2名进攻者C和进攻者D。这两名进攻者可以尽可能充分地利用传中球进行射门。接下来的一对运动员与其他两名边锋一起开始训练。

5.2.3　在时间压力下传中

设置

前锋站在禁区前面，同时尝试干扰守门员并接到以传中球方式踢向球门的球。2 名边锋在侧翼以2~5米（根据他们的能力设定）的间距站立。前面的运动员带1个球。

训练过程

第一对前锋（C1和C2）等待边锋A1运球跑到底线之后将球传中，防守的运动员A2向边锋A1制造压力。接着，运动员B1在运动员B2的施压之下传给运动员D1和D2。在完成5次传中球之后，两侧的运动员交换角色。

变化

- 从左侧传中。
- 从底线位置向第一根球门柱踢出更快且更低的回传球。

5.2.4　在对手的施压下传中

5.2.4.1　1v1在侧翼传中

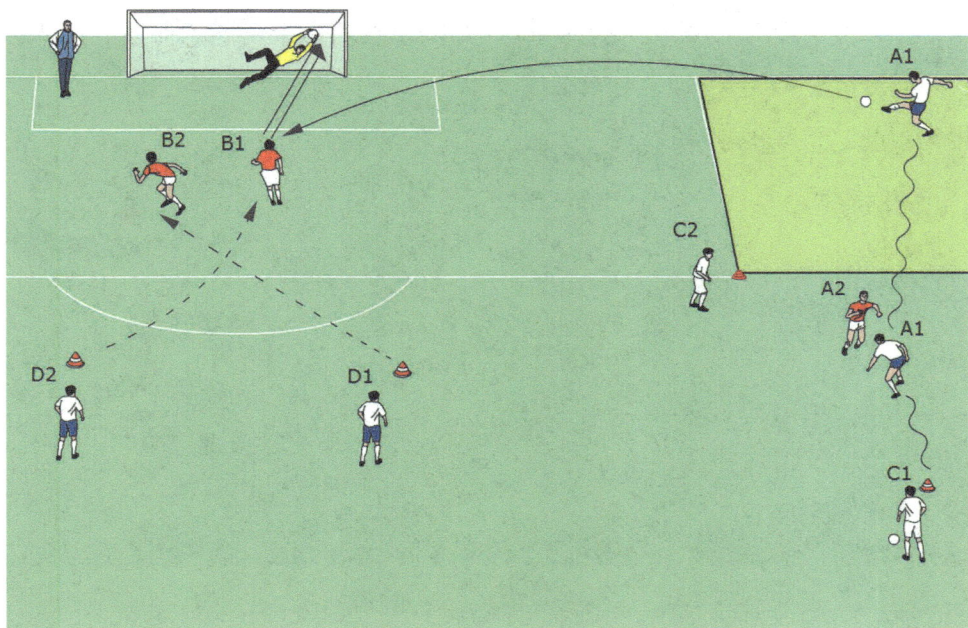

设置

1个半场，1个有守门员防守的球门，在禁区外面将运动员分成2组，2名进攻者在禁区里面等待传中球。

训练过程

运动员A1以假动作方式骗过运动员A2，同时运球绕过运动员A2跑到侧翼。运动员A2只可以跟着运动员A1跑到底线位置。在禁区前面，进攻者B1和进攻者B2等待运动员A1以传中球方式传过来的球，同时2名运动员必须尽可能直接地利用传中球射门。运动员C1和运动员C2以及运动员D1和运动员D2按照相同的顺序完成训练。

执教技巧

● 防守运动员一开始只可以消极防守，这样边锋才有传中的机会。

● 边锋可以在侧翼使用不同的假动作方式。

5.2.4.2 在防守运动员传球之后进行2v1对抗

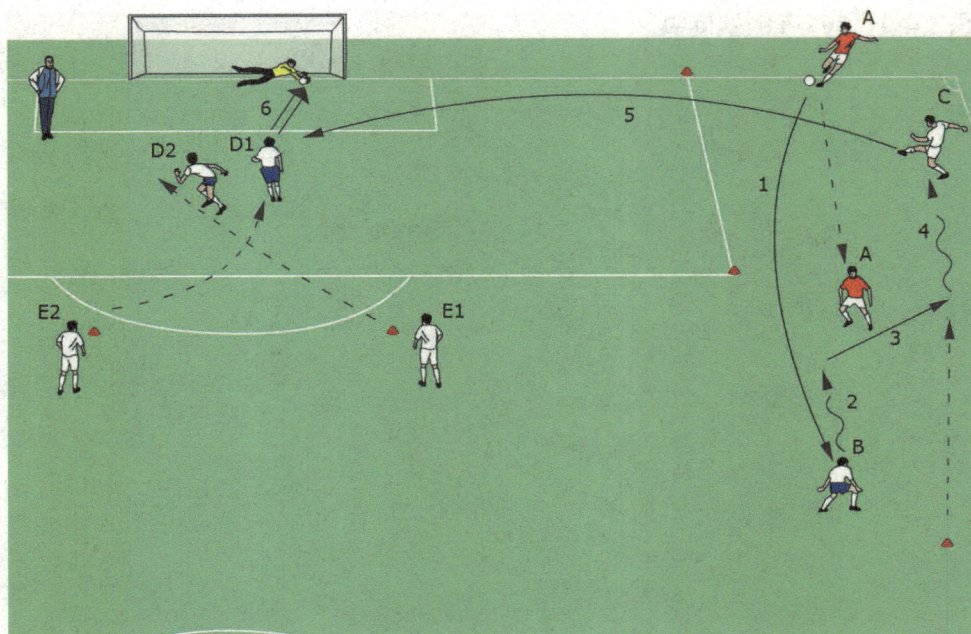

设置

1个半场，1个有守门员防守的球门，2名边锋，2名站在球门前的前锋，1名站在侧翼位置的防守运动员。

训练过程

防守运动员A向边锋B和边锋C踢出一个高球，同时向他们发起进攻。边锋B和边锋C使用二过一的方式摆脱防守运动员A，同时将球传中给前锋D1和前锋D2。两名前锋必须尽可能充分地利用传中球射门。

执教技巧

- 在侧翼位置充分利用2v1对抗情形。

5.2.4.3 在对手施压之下进行5v5传中

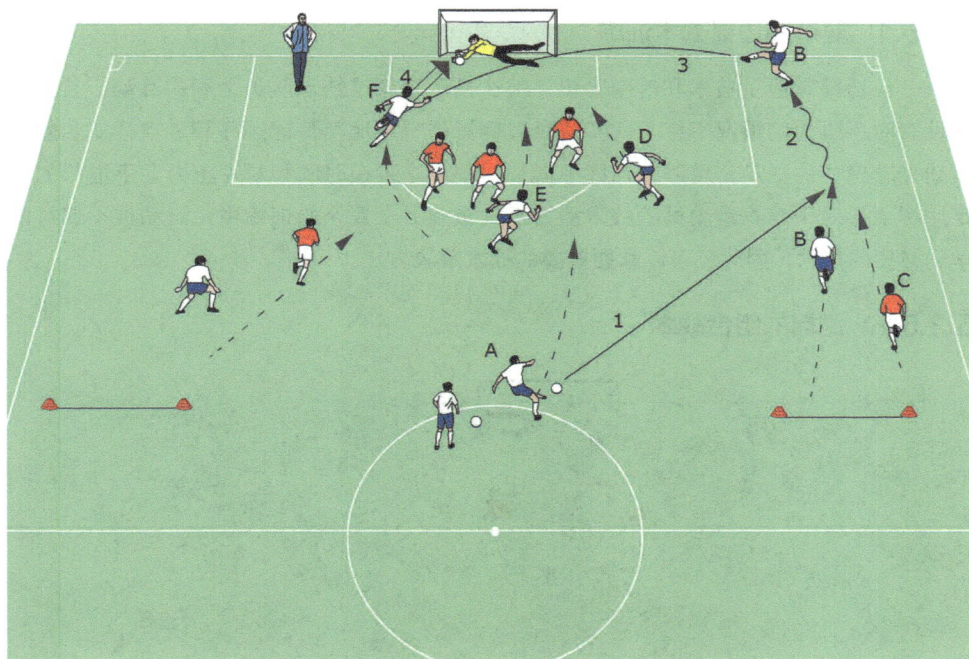

设置

1个半场，1个由守门员防守的球门，在球门前面有2条间距40米的线，在中场位置有2名带球的传球员，在禁区线位置有3名进攻者和3名防守运动员，对方球门侧翼各有1名防守运动员与边锋。

训练过程

传球员A将球传给在防守运动员C前抢得先机的边锋B。边锋B尽可能快地控球，同时以传中球方式将球传给禁区中的进攻者。传球员A作为额外的进攻者与旁边的运动员D、运动员E和运动员F一起加入进攻行列。如果防守球队抢到了球，那么防守运动员可以将球带过中场线。

5.2.5 复杂的传中球训练

5.2.5.1 复杂的边锋战术训练

一旦边锋掌握了技术和传中时机，那么接下来就是协调队员之间的互动。首先是在没有对手压力的情况下练习和实践针对侧翼的特定比赛传球顺序和进攻模式。随着运动员准确性的提高，可以在训练中增加对手。这种在时间和对手压力之下进行的特定比赛情形对于培养运动员的战术能力至关重要。在复杂的训练中，运动员不仅可以学到必要的技术，同时还可以掌握重要的战术解决方法。

5.2.5.2 侧翼的组合战术

设置

1个半场和1个有守门员防守的球门。6名运动员和1名守门员参加训练。中场球员A、右前卫B、右侧边锋C、中场攻击型前卫D、2名位于场地中的前锋E和前锋F。

训练过程

运动员 A 将球斜传给运动员 B（1），运动员 B 将球顺势传给运动员 C（2）。运动员 C 将球传给运动员 D（3）。运动员 D 将球回传给运动员 C（4）。运动员 B 跟在运动员 C 后面跑动，直至跑到底线位置（5）。运动员 C 将球传中给跑过半场的两名前锋 E 和 F（6），接着这两名运动员改变直接传中球的方向射门（7）。

5.2.6　以比赛形式进行传中球训练

5.2.6.1　有交替传中球运动员的 4v2 训练

设置

长大约 40 米，宽为足球场宽度的场地，2 支球队各有 4 名运动员，在侧翼位置有 2 名负责传中的边锋球员。

训练过程

在这个比赛中，一开始向边锋传球，接着边锋再将球传中给禁区的进攻球队（蓝色）的 4 名运动员。每个球门前面站有另一支球队（红色）的两名防守运动员。如果射门得分，那么蓝色球队可以保留控球权，同时开始向另一侧由红色球队防守的球门进攻。如果防守者获得控球权或者守门员接住了传中球，那么红色球队可以将球传给进行传中的运动员，同时开始进攻另一个球门。

5.2.6.2　侧翼区比赛

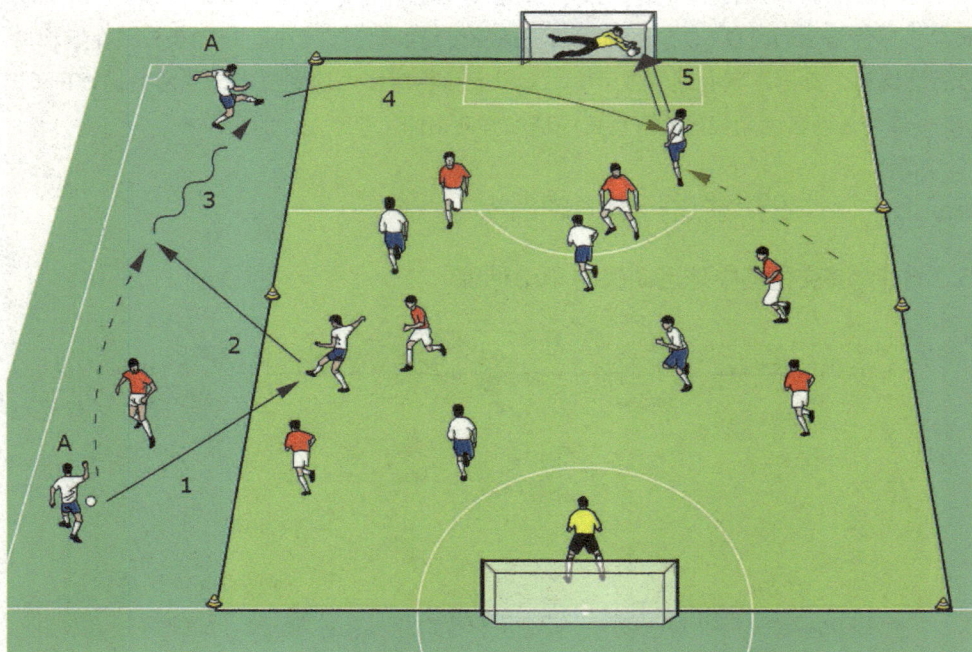

设置

1个半场，2个有守门员的球门，2支球队（7v7或者8v8）。

训练过程

在比赛场地的中间区域进行有2次或者3次触球机会的7v7比赛，而在侧翼区可以进行采用自由战术的比赛。侧翼区的比赛最多只可以有2名进攻者和2名防守者。中间区域射门进球可以得1分，而侧翼区射门进球可以得3分。

变化

在侧翼区有控球权的球队人数比另1支球队的人数多（2v1）。

5.2.6.3　禁区7v7对抗训练

设置

1 个位于中间位置设有禁区的半场，7v7 对抗训练，每支球队有 1 名守门员。

训练过程

2 支球队在半场上有 2 名守门员防守的大球门前进行 7v7 对抗训练。比赛场地的中间有 1 个禁区。运动员可以从禁区跑过，但是球不可以在禁区内停留或者传过禁区。

出现任何犯规意味着另一支球队获得控球权。

执教技巧

- 在禁区里训练会增加运动员从中间传球的难度，但可以鼓励运动员从侧翼传球。
- 教练可以通过改变禁区的大小和位置来改变球队比赛的方式。

第 6 章　射门

6.1　基本理论

射门训练方式有两种。

- 射门技术训练。
- 特定比赛的射门训练。

射门技术训练是初学者的重要训练组成部分，但高水平的运动员也必须在较难的条件下经常反复练习基本的射门技术，以便适应比赛的压力。在比赛条件下练习射门对于技术越好的运动员越重要。

6.1.1　射门技术训练

通过简单、适龄的训练方式来训练射门技术是实现成功射门的必要基础。运动员通过不同距离的运球、不断地重复训练才能学会和提高从不同距离射门的所有重要技术，其中包括运球之后射门、接停球之后射门和直接射门。同时他们还可以学会正确地判断球的运动以及正确选择身体接球部位的方法。

教练可以使用有效的方式训练他所教导的重要射门技术。训练的结构必须为运动员提供大量可以反复进行的必要训练。

在射门技术训练中，教练必须避免出现排长队等候的情况，同时必须使用简单的练习。复杂的练习只会干扰运动员实际的学习目标。

有效射门技术必须满足以下条件

- 较高的重复次数和较高的训练强度可以让运动员学会和提高射门技术。例如，小组活动和尽可能多的射门训练。
- 教练可以帮助运动员纠正姿势错误（上半身、脚的定位、恢复动作）以及战术错误（错误的定位球、糟糕的跑动路线、错误的速度变化）。
- 运动员在球门附近练习直接射门以及在不同的位置以二次触球方式练习射门。
- 运动员同时还必须练习利用反弹球。

6.1.2　特定比赛的射门训练

- 最理想的情况是，在罚球区里面和周围进行所有射门的重要技术和战术练习以及特定于比赛的技术应用训练。
- 根据运动员的年龄和能力逐渐增加空间、对手和时间，以及准确性等方面的压力。
- 小球门射门比赛是一种重要且有效的训练方式，它可以提高运动员的积极性。同时分组压力还可以增加比赛的氛围和趣味性。

比赛场地的间距和大小

在所有训练阶段，球门的距离和比赛场地的大小都是非常重要的。教练可以根据运动员的年龄和能力以及射门训练的目标选择球门间距和场地大小。

- 近距离射门（场地大小介于球门区和罚球点之间）。
- 中距离射门（场地大小介于罚球点到罚球区边缘）。
- 远距离射门（在罚球区外面）。
- 在近距离范围或者较大的比赛场地进行射门比赛。

纠错技巧

- 以虚晃跑动的方式摆脱对手。
- 跑向球而不是等待球。
- 及时地跑向重要的区域。
- 尽可能巧妙且直接地射门。
- 准确性比速度更重要。
- 运动员在单独跑向球门时可以用假动作射门的方式误导守门员做出草率的反应。
- 待在球的后面,同时不要忘记可能出现的反弹球。

可以使用的射门技术

- 使用脚内侧踢球。
- 使用正脚背踢球。
- 使用脚背内侧踢球。
- 使用外脚背踢球。
- 抛踢球。
- 转动髋关节踢球。
- 侧剪式踢球。
- 踩单车式踢球。
- 使用足尖或者脚后跟踢球。
- 头球。

6.1.3　系统学习射门的方法

阶段1:面向初学者的基本训练

- 直接以定位球练习射门。
- 直接以滚球练习射门。
- 控制低传球,然后射门。

阶段2:面向高水平运动员的基本训练

直接以低球射门。

阶段3:联动式动作

运动员根据不断变化的球速和方向采用合适的射门技术。

阶段 4：复杂的训练

运动员在复杂的训练中练习跑动射门（在一系列复杂的压力下进行传球射门）。

阶段 5：接高球之后射门

运动员用头部或者脚改变来球的方向。他们在不同的条件下射门（在转身、冲刺或者跳起时射门）。

阶段 6：拦截抢球之后射门

运动员在拦截抢球之后射门（对手施压之下）。

阶段 7：在时间压力之下射门

运动员在模拟时间和对手压力的艰难比赛条件下使用射门技术。

阶段 8：比赛形式

在面对中立运动员和人数均等球队的单边训练中，运动员必须在对手施压的情况下创造和利用射门的机会。

6.2　专业实践

6.2.1　学习阶段 1：面对初学者的基本训练

没有守门员的训练

第一个学习阶段是以定位球向没有人防守的球门进行射门练习。

运动员学习使用脚内侧射门。这个训练的目标是准确性和直接踢球技术。教练必须确保运动员完成大量的反复练习。运动员可以使用左脚和右脚完成不同距离的射门练习。

6.2.1.1　以定位球射门

设置

设置充分的目标区域（小球门、可移动球门等），每名运动员带1个球。

训练过程

- 在使用左脚内侧和右脚内侧踢球时要尽可能压低球并让球入网。
- 运动员捡回球并归队，然后再次射门。
- 每只脚要完成3~5次射门练习。

执教技巧

- 将球放在地面上，同时向后退一步。
- 支撑腿位于球的旁边。
- 摆动腿射门并跟着球移动。

变化

- 从不同的距离射门。
- 模拟时间和球队压力并以定位球进行小球门射门比赛。

6.2.1.2　直接向前跑动运球并射门

设置

设置足够的目标区域，同时根据运动员的年龄和能力设定锥桶之间的距离和训练休息间隔，每名运动员带1个球。

训练过程

- 运动员直接向球门运球，同时在第二个锥桶位置时使用脚内侧以低球射门。
- 运动员捡回球并向球队的后方运球。
- 每只脚要完成3~5次射门练习。

执教技巧

- 运球必须直接且可控。
- 在踢球之前，支撑腿位于球的旁边。
- 身体重心前倾。
- 固定射门，摆动腿射门并跟着球移动。

6.2.1.3　转身射门

执教技巧

- 不要过早射门，必须站在与运球方向平行的位置才能完成转身射门。
- 射门时保持身体重心前倾。
- 固定射门脚，踢球的中心位置同时随球移动（反弹球）。

对角运球

变化

- 270°转身，接着使用另一只脚射门。
- 向两个不同的目标区域（左边，右边）射门。

沿着与底线平行的方向带球

6.2.1.4　取得控球权之后射门

训练过程

这是转身射门的一种变化方式。运动员从搭档处获得控球权之后转身向目标区域射门。

执教技巧

运动员向右侧运球，同时使用右脚带球跑动，反之亦然。

6.2.1.5 控球斜传之后射门

设置

设置足够的目标区域，在球门区线位置放2个锥桶作为分界线，在罚球区线的每个锥桶位置站立1名传球员，大约在球门前面20米的每个锥桶位置站立1名前锋，2支球队的传球员都带1个球。

训练过程

● 第一名前锋（A）斜着冲刺，第一名传球员（B）将球传到他的跑动路线上。

● 前锋（A）接住球并带球跑动，然后使用脚内侧或者脚背内侧从起射线以低球射门。

● 传球员传球后站在前锋队伍后面，接着前锋捡回球后站到传球员队伍的后面。

执教技巧

● 适时的传球和干脆利落的射门技术。

● 跑动中自信地控球可以保持球一直紧跟在脚下。

6.2.1.6 控球并完成横向传球之后射门

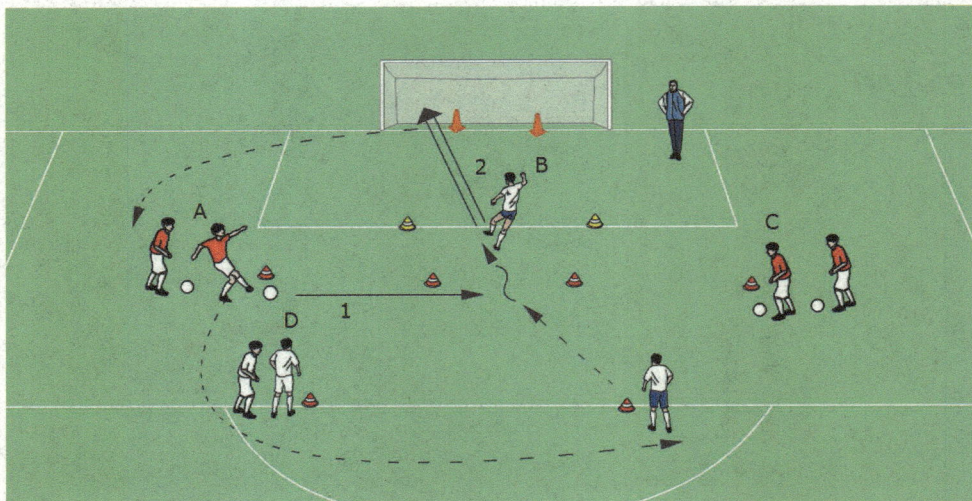

设置

设置足够的目标区域，在球门区线位置放2个锥桶作为分界线，在罚球区内靠外的2个锥桶的位置站1名传球员，在罚球区线的每个锥桶位置站立1名前锋，2支球队的传球员都带1个球。

训练过程

- 第一名前锋（B）斜着冲刺。在到达分界线的半途时，A向B的跑动路线传出平行球。
- 位于起射线的平行位置时，B使用脚内侧向之前设定的目标区域踢出准确的低球。
- 传球员传球后站在自己组的前锋队伍后面，前锋在捡回球之后站到自己组传球员队伍后面。运动员在完成两个完整回合的训练之后交换场地。
- 在B完成第一次踢球之后，C将球传给另一组的第一名前锋（D）。

观察点

- 传球的时机、距离、力度和准确性。
- 来球的速度和方向，前锋跑动的步幅。

6.2.1.7　控球回传之后射门

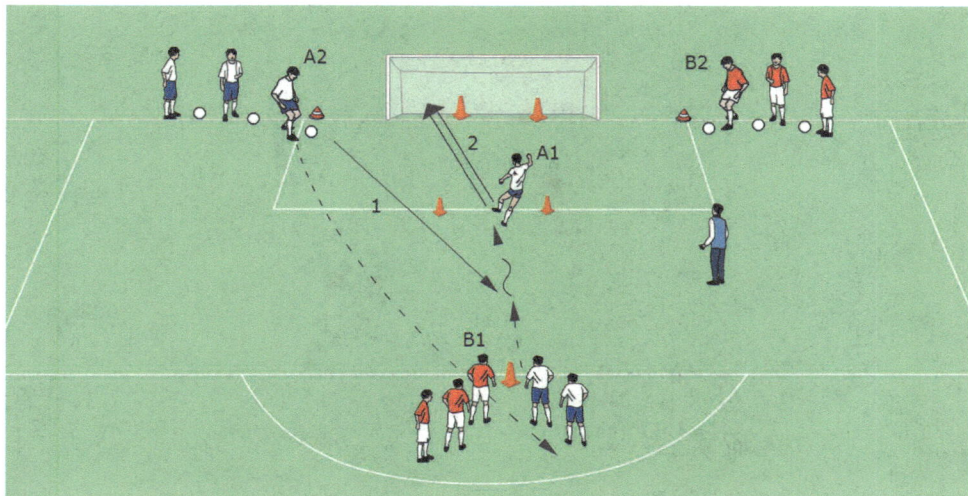

设置

在罚球区线位置为 2 组的前锋设置 1 个开始锥桶，球门区线上放 2 个作为分界线的锥桶，同时在球门前放 2 个目标锥桶，在球门两侧设置 2 组传球员，同时每名传球员带 1 个球。

训练过程

- A2 以低传方式将球传到从开始锥桶快速跑开的第一名前锋（A1）的跑动路线上。
- A1 在快速且利落地控球之后运球跑到球门前，并使用脚内侧以尽可能低的射门方式向设定的目标区域射门，接着捡球并跑到传球员队伍后面站立。
- A2 传球后站在自己组的前锋队伍后面。
- 接下来，B1 开始射门。
- 所有运动员完成传球和左右脚射门之后，一回合训练结束。

观察点

- 时机、力度和准确性。
- 前锋在球门前面的任何位置跑动时都必须全力以赴。
- 射门脚短暂的恢复动作。

6.2.1.8 控球长传之后射门

设置

使用4个锥桶在球门前设置梯形场地，前锋在罚球线附近锥桶开始训练，传球员站在罚球区线并带1个球，同时球门里有2个目标区域锥桶。

训练过程

- 前锋（B）沿着与球门线平行的路线从开始锥桶跑到第二个锥桶。
- 在到达锥桶之前，传球员（A）直接向前锋（B）的跑动路线执行准确且慎重的传球。
- 前锋快速控球并尽可能以低球方式射门，接着捡回球并跑到传球员队伍后面站立，传球员传球后在前锋队伍后面站立。

观察点

- 传球的时机、方向、力度和准确性。
- 在射门之前必须安全快速地控球。

6.2.1.9 将球带到一侧之后转身射门

设置

在球门前面位置边长约为6.5米的方形里设置一排锥桶，表示对手后面所防守的区域，球门里设置2个目标区域锥桶，传球员带球站在前锋前面间距5米的位置。

训练过程

- 前锋不带球背对着球门。
- 传球员使用脚内侧执行准确且慎重的低传。
- 尽可能以一次触球的方式绕过成排的锥桶向侧边运球。
- 在指定的目标区域里转身并以低球射门。
- 前锋捡回球同时传球员成为前锋。

观察点

- 前锋必须以稍微开立的姿势将传过来的球掩护到自己身后（不是跑向球）。
- 只有在一排锥桶两侧射门才是有效得分。

常见的错误

- 传球员没有用力踢球。
- 前锋多次触球且没有采用转身射门方式。

变化

- 根据传球的方向，前锋从左边或右边接住球。
- 传球员跟着球跑动同时向前锋施压。
- 前锋在接球之前，必须伴装跑向另一侧。

6.2.2 学习阶段2：面向高水平运动员的基本训练

第二个学习阶段包含直接改变低球的方向。

6.2.2.1 基本训练——单独跑向球门

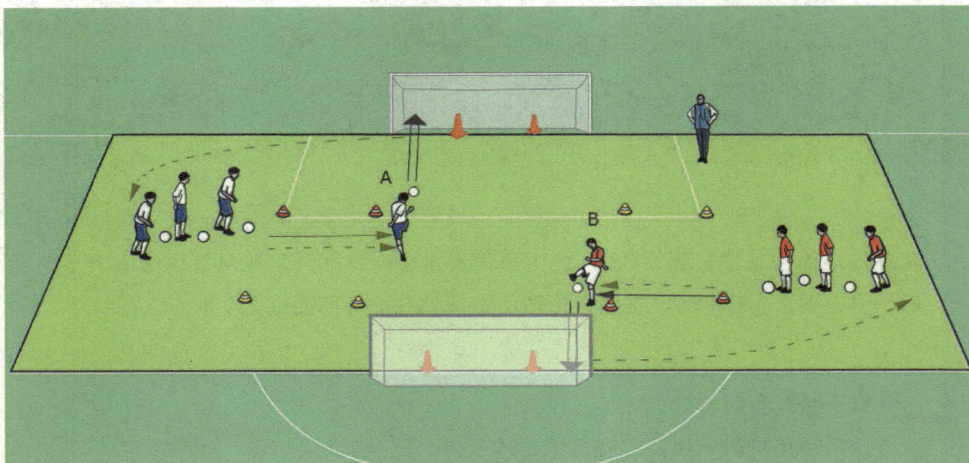

设置

将锥桶放在与球门门柱平行且相距5米的位置，同时在间距2~3米的位置放置开始锥桶，每名运动员带1个球。

训练过程

运动员朝前传球，接着在第二个锥桶的后面转身射门。这是一个非常基础的训练，前锋可以自己决定运球的时机和速度。

变化

- 从左边和右边开始。
- 从不同的方向（纵深、斜对）开始。

6.2.2.2　斜传之后直接射门

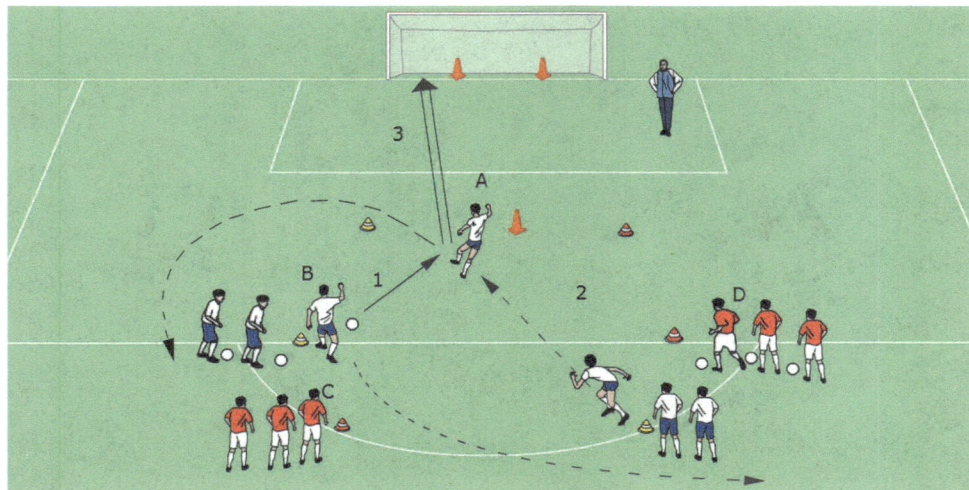

设置

2个目标区域锥桶，2个锥桶以合适的间距（由5米慢慢减至1米）放置在起射线，传球员站在罚球区的2个锥桶位置，同时前锋站在（距离球门前面大约20米）2个锥桶的位置，每名传球员带1个球。

训练过程

- 第一名前锋（A）斜对着快速跑动，第一名传球员（B）将球传到前锋A的跑动路线上。
- 达到起射线时，前锋（A）使用左脚内侧准确射门。
- 传球员（B）传球后站在前锋队伍后面；前锋捡起球，同时跑到传球员队伍后面站立。
- 与传球员（D）和前锋（C）使用右脚重复训练。

观察点

- 及时将球传到运动员的跑动路线上。
- 干脆利落的射门技术。

变化

- 完成第一次射门之后，第2次可以（在起射线后面大约2米的位置）直接改变球的方向。
- 比赛：看在一个回合中哪一组进球多。

6.2.2.3　将球传中到运动员的跑动路线之后直接射门

设置

　　设置两个目标区域锥桶，2个锥桶放置在作为分界线的球门区线上，传球员与前锋分别站在起射线的锥桶位置和罚球区线的2个锥桶位置，两个组的传球员都带1个球。

训练过程

- 第一名前锋（B1）斜着冲刺。运动员（A）将球传到前锋（B1）的跑动路线上。
- 前锋（B1）跑到起射线的位置，向指定目标区域传出准确的低球，接着另一组的第一名前锋（D）开始跑动。
- 传球员传球后站在自己组的前锋队伍的后面；前锋捡回球并跑到自己组传球员队伍后面站立。在完成两个回合的训练之后交换训练场地。

观察点

- 传球的时机、距离、力度和准确性。
- 来球的速度和方向，前锋跑动的步伐幅度。

变化

- 传球员在完成传球之后要向前锋施压。
- 小组比赛：看哪一组在第一个回合中射门进球得分多。

6.2.2.4　从球门线回传之后直接射门

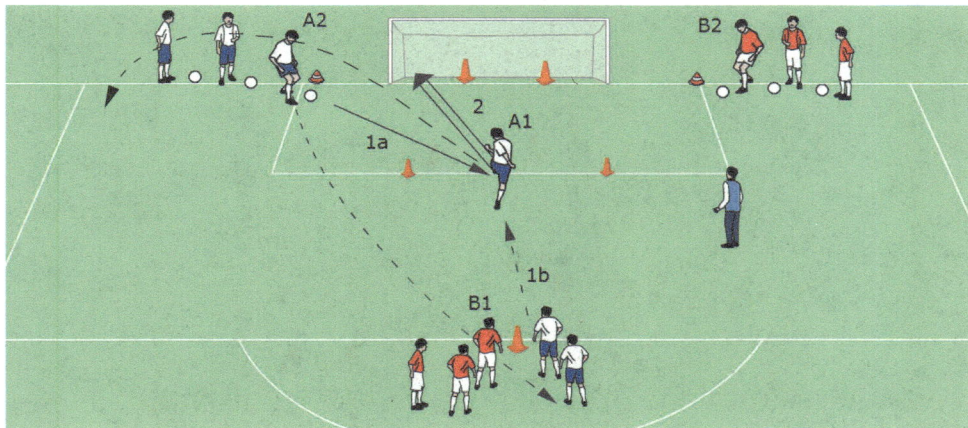

设置

在球门里面有 2 个目标区域锥桶，在罚球区边缘的中间位置为每一组的前锋设置 1 个开始锥桶位置，在距离球门区线与底线的交点位置设置 2 个传球锥桶位置，同时在球门前放 2 个锥桶作为起射线，每一组的传球员都带 1 个球。

训练过程

- 第一名前锋（A1）快速冲刺到起射线位置并接住运动员 A2 的传球。
- 前锋直接跑向球，同时使用脚内侧尽可能直接地射门，接着捡回球并跑到传球员队伍后面站立。
- 传球员传球后跑到前锋队伍后立站立。
- 接下来前锋（B）开始跑。
- 所有运动员都使用左右脚各进行一次传球和射门之后，这个训练回合结束。

观察点

- 传球的时机、力度和传球的准确性。
- 前锋在射门之前不能立刻减速。
- 射门脚的短暂恢复运动。

变化

- 传球员在回传时必须运球沿边线跑动。
- 小组比赛：看在一个回合中哪一组射门得分多。

6.2.2.5　以长传方式将球传到运动员的跑动路线之后直接射门

设置

使用4个锥桶设置位置，前锋站在距球门线11米的开始锥桶位置，站在罚球区边缘的传球员都带1个球，球门里面有2个目标区域锥桶。

训练过程

- 前锋（B）从与球门线平行的开始锥桶位置跑到第二个锥桶位置。
- 在他到达锥桶位置前，传球员A向运动员B的跑动路线执行准确且慎重的平传。
- 前锋直接以低传射门，接着捡回球并跑到传球员队伍后面站立，这时传球员跑到前锋队伍后面站立。

观察点

- 传球的时机、方向、力度和准确性。
- 精准且直接射门。

6.2.2.6 传球之后直接转身射门

设置

在球门前面的中间位置设置一排锥桶作为由假想对手防守的空间，球门里面有2个目标区域锥桶，在前锋前面大约5米的中间位置放置1个锥桶，同时传球员站在这个锥桶位置。

训练过程

- 站在中间锥桶前面的前锋不带球背对着球门。
- 传球员使用左右脚内侧执行准确且慎重的低传。
- 前锋快速跑向球，接着转身向指定的目标区域低球射门。
- 前锋捡回球，同时与传球员互换角色。

观察点

- 传球的方向、力度和准确性。
- 射门时必须精准。

6.2.3 学习阶段 3：联动式动作

6.2.3.1 联动式动作 1

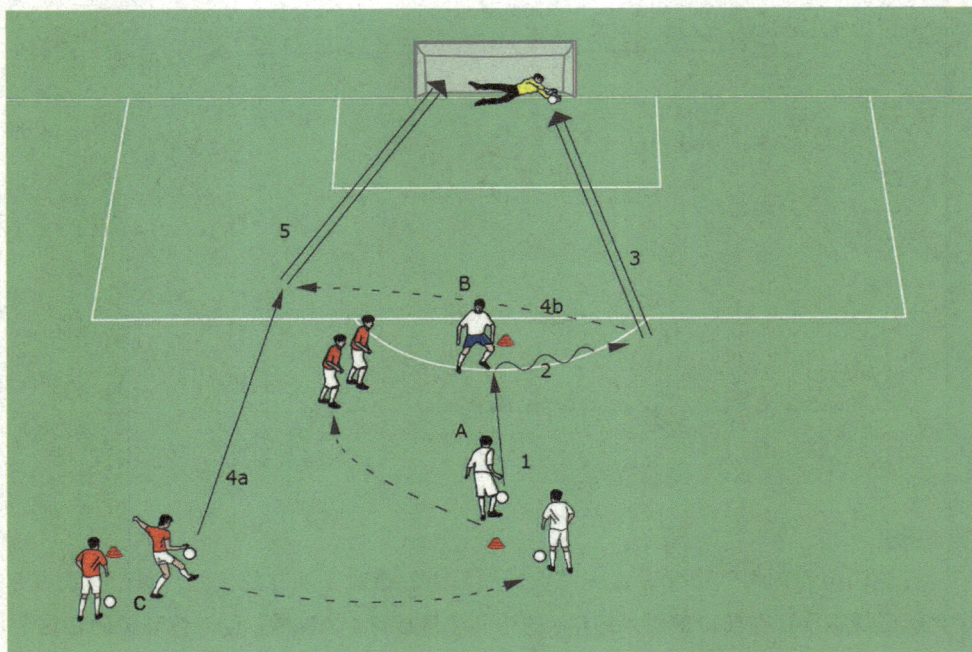

设置

比赛场地大小为罚球区的两倍，1 个有守门员防守的球门，前锋站在罚球区边缘，传球员站在中间和侧翼的后侧锥桶位置。

训练过程

运动员 A 将球传给运动员 B（1），运动员 B 控球之后转身跑向球门（2），同时向有守门员防守的球门（3）射门。接着运动员 B 快速跑到一侧（4b），同时利用站在一侧的传球员 C 传过来的球射门（5）。

变化

● 传球员跟着自己传出的球跑动，同时作为防守者向前锋施压。

6.2.3.2　联动式动作2

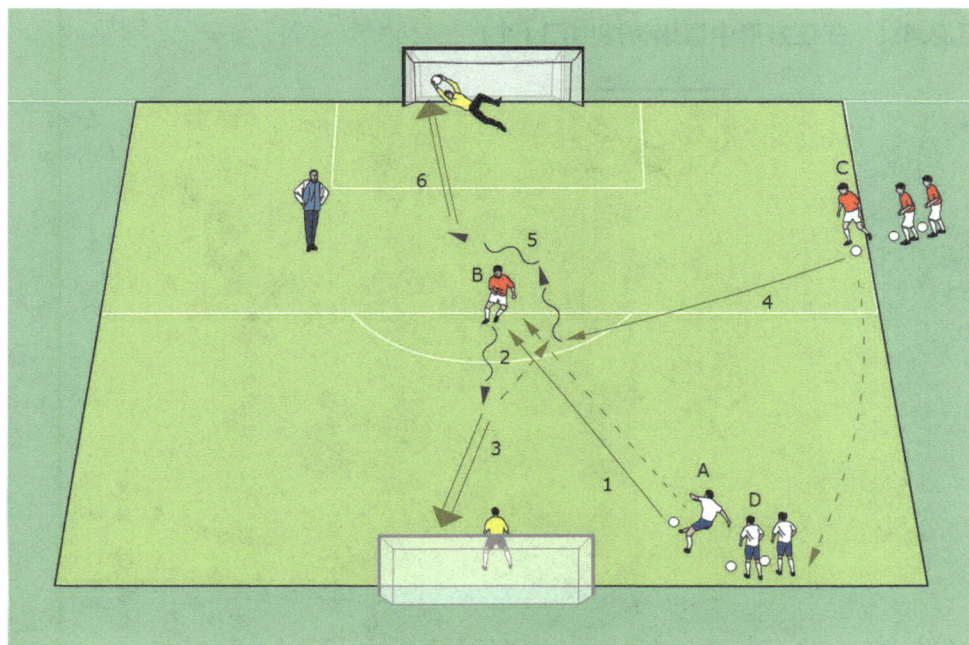

设置

比赛场地大小为双倍罚球区，7~14名运动员以及2名守门员，8~12个球，2个球门，传球员A站在球门旁边，传球员C站在与中场线平行的一侧。

训练过程

运动员A向运动员B传球（1），同时占据运动员B的位置。运动员B运球跑向第一个球门（2）射门（3），接着快速跑向一侧接住运动员C（4）的传球，控球之后向另一个球门运球（5）并射门（6）。接着运动员B站在运动员C的位置，而运动员A站在运动员B的位置等待运动员D的传球。运动员C占据运动员A的位置。

执教技巧

- 射门之后快速完成联动式动作。
- 设置守门员或者不设置守门员。
- 传球员跟着球快速跑动同时拦截前锋。

6.2.4　学习阶段 4：复杂的训练

6.2.4.1　在正方形中直接传球射门（1）

设置

在罚球区外面设置一个正方形，3~10 名运动员和 1 个有守门员防守的大球门，2 名运动员不带球站在自由锥桶位置，其他运动员带球站在开始锥桶位置。

训练过程

运动员 A 向运动员 B 传球并快速跑到旁边接住回传的球，而运动员 B 将球回传给运动员 A。接着，运动员 A 将球斜传给运动员 C，同时占据运动员 B 的位置，而运动员 C 与运动员 B 完成传切球之后快速跑到下一个锥桶位置。运动员 B 向运动员 C 挑球，同时占据运动员 C 的位置。运动员 C 快速跑向球并控球射门（直接射门或者快速控球之后射门）。最后，运动员 C 捡回球并运球跑到球队的最后面。

执教技巧

如果运动员人数过多（超过 10 名），那么可以将整个组分成两个小组，并增加一个球门，以便减少开始训练的等待时间，同时为运动员提供更多射门的机会，例如，更多重复训练和更加成功的学习过程。

6.2.4.2　在正方形中直接传球射门（2）

设置

在罚球区外面设置1个正方形场地，8~10名场外运动员和1个有守门员防守的大球门，2名运动员不带球站在自由锥桶位置，其他运动员带球站在开始锥桶位置。

训练过程

运动员A向运动员B传球并快速跑到旁边接住回传的球，而运动员B将球回传给运动员A之后，运动员A将球斜传给运动员C，同时占据运动员B的位置，而运动员C与运动员B完成传切球之后快速跑到下一个锥桶位置。运动员B向运动员C传球，同时占据运动员C的位置。最后运动员C控球射门（直接射门或者快速控球之后射门）。

6.2.4.3　二过一射门

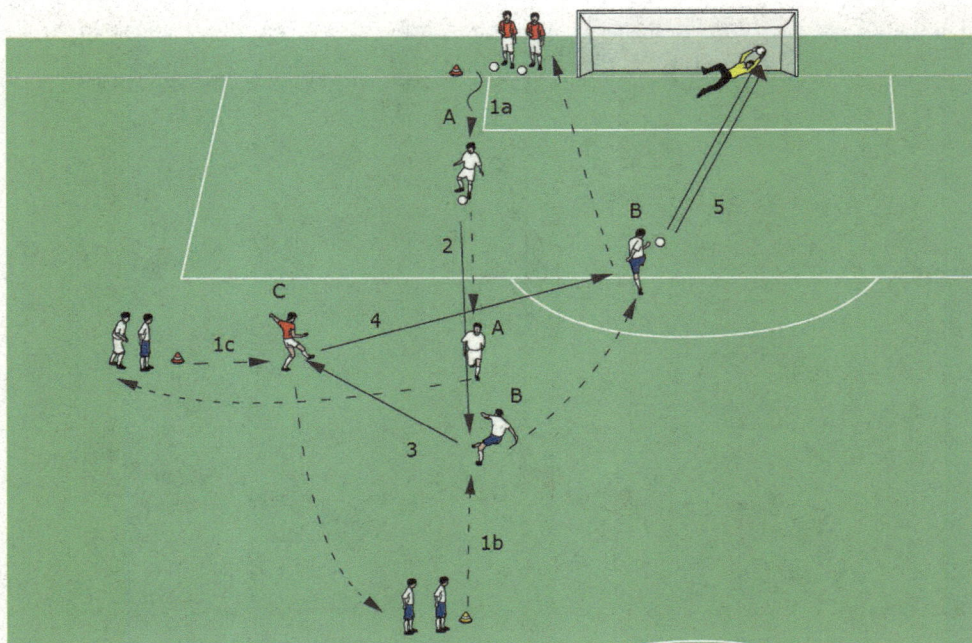

设置

运动员带球站在距离球门5米与球门平行的开始锥桶位置，2~3名运动员站在与球门相距大约30米的锥桶位置，同时2~3名运动员站在与罚球区线平行侧边的锥桶位置。

训练过程

运动员A运球跑向运动员B并在他前面大约5米的位置将球传给运动员B，接着快速跑向运动员B并向他发动进攻。运动员B与运动员C以二过一方式传球并射门，之后跑到A组最后面站立。运动员A跑到C组位置，运动员C占据运动员B的位置。

变化

- 将球传到另一边（从另一边二过一）。
- 改变锥桶之间的间距。

执教技巧

- 如果进攻运动员相距较远，那么前锋可以在执行二过一之前快速接住球，然后再将球传给一侧较近的运动员。

- 也可以用向一侧传球的假动作的方式运球。
- 如果没有准确地完成二过一配合，前锋必须在射门之前快速控球。

6.2.5 学习阶段5：接高球之后射门

利用（不管是投出或是传出）高球射门会增加难度。前锋必须直接射门或者控球之后射门。运动员必须专门进行这两个方面的训练。

顺序

- 基本训练：自己投球射门。
- 由搭档扔球进行射门训练（可以使用头部或脚）。
- 利用高球（例如传中球）射门。

6.2.5.1 基本训练：抛踢球和正面凌空抽射

设置

在球门里面有2个目标区域锥桶，在球门区线上位置放2个射门锥桶，同时在间距2米的位置放置开始的锥桶。运动员双手持球站在开始锥桶后面。

训练过程

- 前两名前锋在球门区线位置用手将球扔出，然后使用正脚背踢球射门。
- 前锋捡回球并站到组最后面。

执教技巧

- 必须用力地踢出低球。
- 不能将球踢到距离身体太远的位置并且身体的重心必须离球尽可能远。在踢球时脚趾必须对着地面，同时踢球的脚不可以摆动过高。

6.2.5.2　转动髋关节射门

设置

球门里有2个目标区域锥桶，在距离球门柱一侧1~2米的延长线与球门区线的交点的位置放2个开始锥桶，每名运动员带1个球。

训练过程

- 第一名前锋侧向球门站立，同时将球扔到地面上。
- 他们转动髋关节向指定目标区域以高回弹球射门。同时，球的飞行路线必须尽可能是直线。
- 前锋捡回球并跑到对面开始锥桶位置站立。
- 一旦上一名前锋跑出射门区域，下一名前锋就可以开始训练。

执教技巧

- 射门腿的摆动方向是从后往前，而不是从下到上。
- 在中间位置使用伸展腿踢球射门时就可以开始转身动作。

6.2.5.3　使用（脚或头）抛球射门

设置

前锋站在罚球点旁边，投球员分散在罚球区站立并各带1个球，1个有守门员防守的正规球门。

训练过程

接到投球员的传球后，前锋在快速控球之后改变球的方向。

变化

直接使用头或脚来改变球的飞行路线。

6.2.5.4 利用高球射门

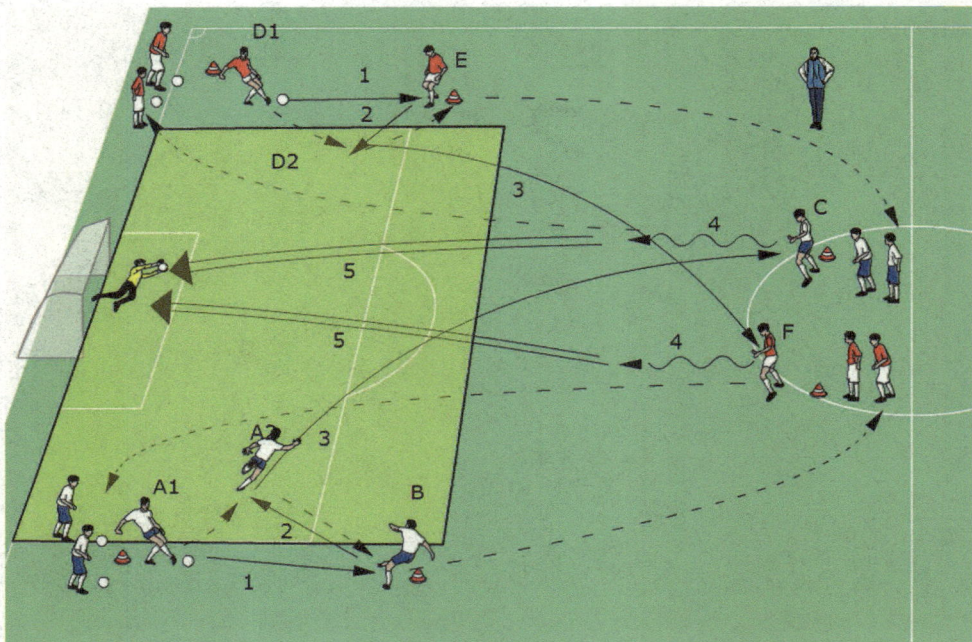

设置

两组前锋在距离球门25~30米的位置等待。组与组之间间距8~10米站立，两名传球员（B和E）站在罚球区的转角位置外侧，开始运动员（A和D）带球站在罚球区两侧的位置。

训练过程

在与运动员B完成传切球之后，运动员A向运动员C斜着踢出高球，运动员C快速控球并带球跑向球门。运动员C运球到达指定距离（例如，罚球区边缘）时射门。接下来运动员D到运动员E和运动员F以相同的顺序在另一侧完成相同的训练。完成传切球的运动员跑到射门运动员组的后面，而完成射门的运动员跑到开始传球的运动员组的后面。

变化

- 改变射门运动员组和球门之间的距离。
- 在罚球区前面设置对手。

6.2.6　学习阶段6：拦截抢球之后射门

6.2.6.1　拦截抢球之后射门（1）

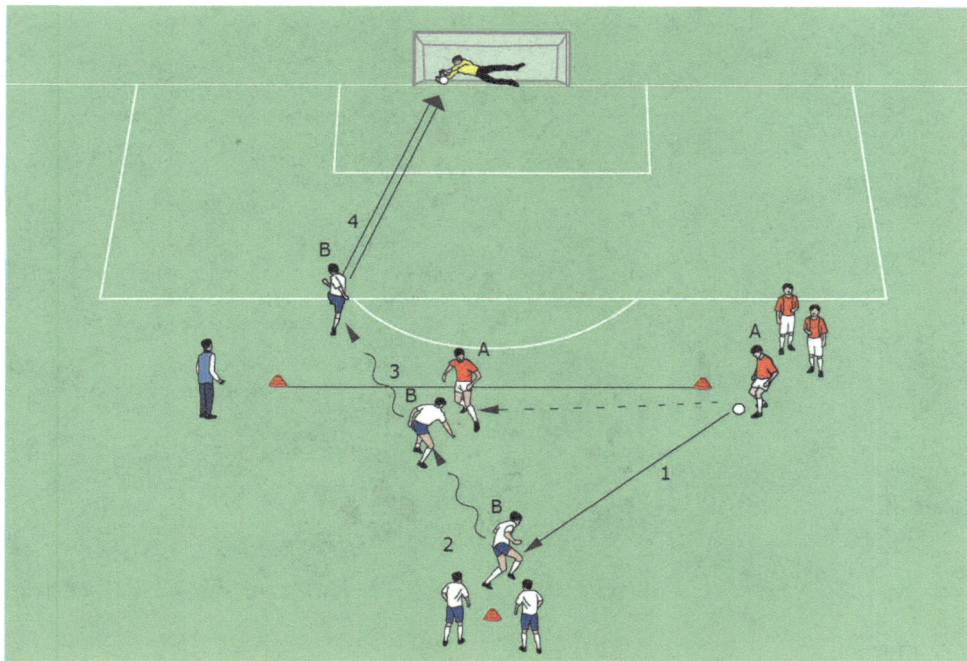

设置

场地大小为罚球区两倍，1个有守门员防守的球门，3个锥桶，同时根据运动员人数提供5~10个球。

训练过程

防守运动员A将球传给尝试运球过线的进攻运动员B。运动员A从侧边进攻尝试截停运动员B。在成功运球过线之后，运动员B就可以在没有压力的条件下射门。

执教技巧

- 快速且有目的的控球。
- 在面对对手进攻时可以改变方向和使用假动作运球。
- 在运球过线之后准确射门。

6.2.6.2 拦截抢球之后射门（2）

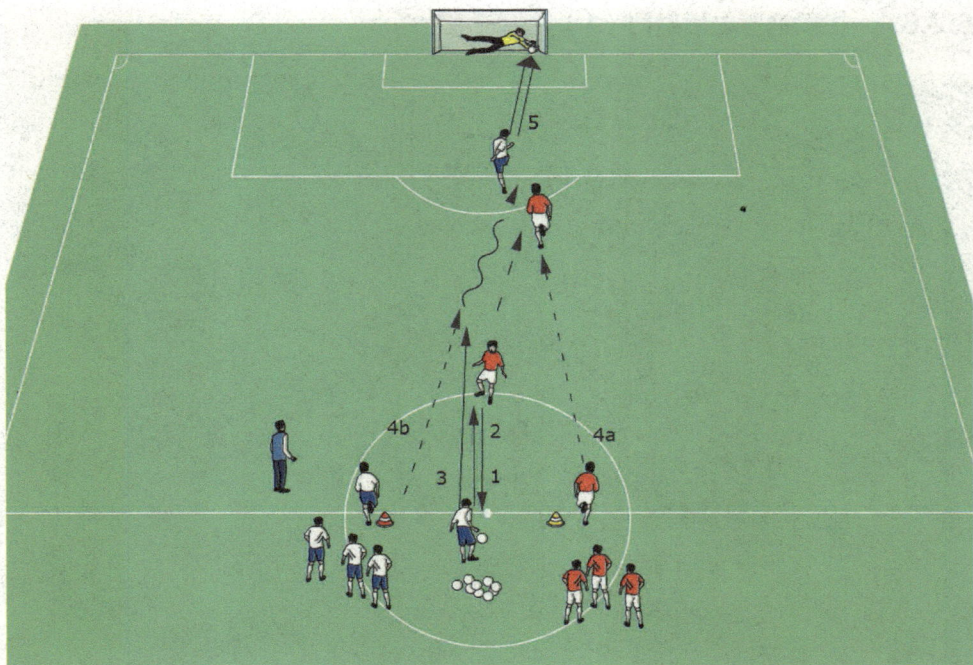

设置

在中场线位置开始训练，1个有守门员防守的球门，运动员分成两支球队站在2个开始锥桶旁边。

训练过程

2名中立运动员相互传球。背对球门的运动员突然让球从他们的两腿之间滚向球门，这时两支球队的前两名运动员可以进行拦截抢球。抢到球的运动员是进攻运动员，而没有抢到球的运动员是防守运动员。

变化

● 改变传球员、冲刺运动员和球门之间的距离。

● 小组比赛：看哪一支球队射门得分多。

6.2.6.3　拦截抢球之后射门（3）

设置

场地大小为两倍罚球区，2个有守门员防守的球门，第一次从比赛场地底线传球，而第二次从比赛场地的中间传球。

训练过程

运动员A将球传给运动员B，同时向运动员B进攻（1）。运动员B运球跑向运动员A，接着使用假动作（2）绕过运动员A并射门（3）。运动员B快速跑到另一侧，同时接住从一侧向他进攻的运动员C的传球（4）。运动员B控制球，同时在压力之下向另一个球门射门（5）。运动员B接着站在运动员C的位置，而运动员A则等待运动员D的传球。

观察点

- 射门之后执行快速的联动式动作。
- 使用不同的假动作。
- 对手的努力必须同进攻者的能力相对应。

6.2.7　学习阶段 7：在时间压力下射门

如何在训练中模拟比赛压力

在竞争性比赛中，运动员几乎没有时间很好地准备射门和彻底想清楚射门动作。

动作变化快速而且往往是必然的。在小组射门比赛中可以很好地复制这种时间、准确性和团队压力。在时间压力下，运动员必须在小型比赛中准确地射中目标。通过这种方式，运动员可以学会如何在压力之下得分。

进球比赛

进球比赛可以很好地激发运动员的积极性。这里的准确性和团队压力也同样模拟了比赛情形。

运动员使用他们在训练、小型比赛和比赛中学会的技术进行练习。只有运动员可以在比赛压力下快速且自信地射门，进球训练才是成功的。

6.2.7.1　锥踢

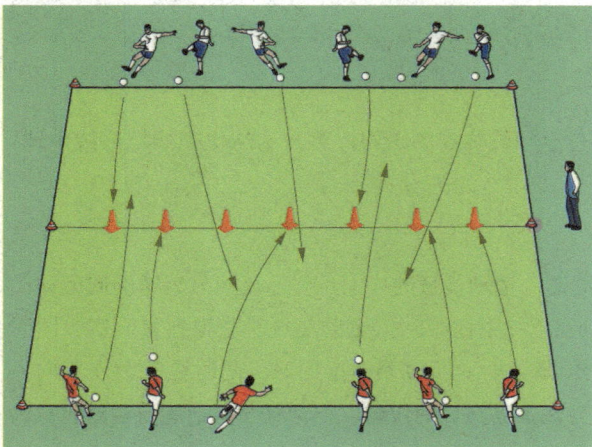

设置

2 支球队站在两条相距 15~20 米的线上。两条线的中间放置一排锥桶。每名运动员都带球开始训练。

训练过程

- 运动员尝试从所站的线位置踢锥桶。
- 他们可以踢中放在一侧的所有球。
- 只有捡球时才可以快速进入比赛场地。

比赛

- 直到踢中所有锥桶才完成训练。
- 小组比赛：看哪支球队在指定的时间内踢中更多的锥桶。

变化

- 将锥桶放在长凳上。

6.2.7.2 将球从锥桶上踢落

设置

两支球队站在两条相距15~20米的线上。两条线的中间放置一排锥桶，同时锥桶的上面都放1个球。每名运动员都带球开始训练。

训练过程

- 运动员尝试从他们站立的位置将球踢落。
- 他们必须将所有的球都踢落。
- 只有捡球时才可以快速进入比赛场地。

比赛

- 直到踢中所有锥桶上的球才结束训练。
- 小组比赛：看哪支球队在指定的时间内踢中更多的锥桶上的球。

6.2.7.3　按照传球顺序射门

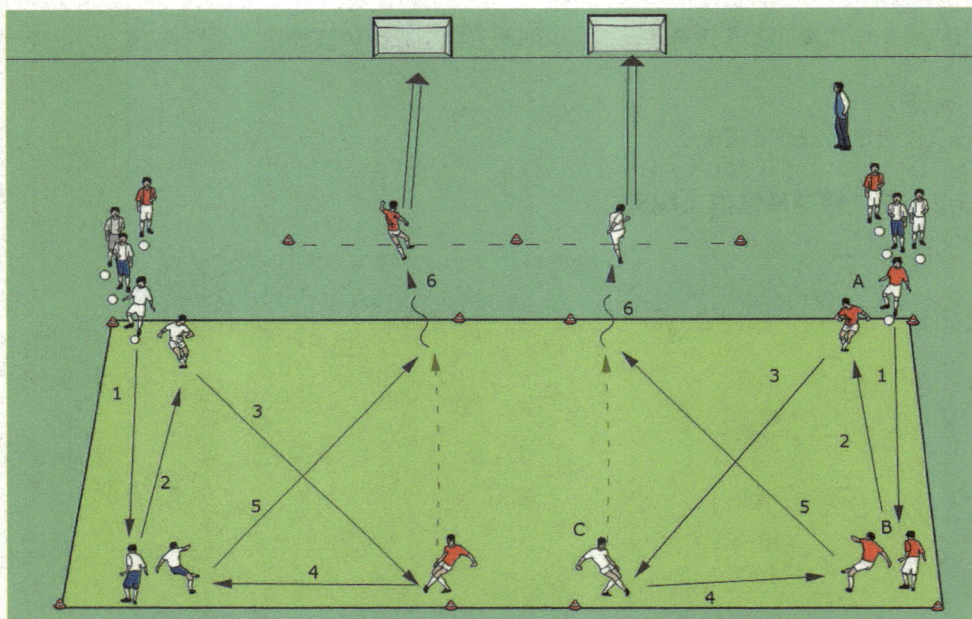

设置

　　每个正方形中有两组运动员，每组有6~8名运动员，1个射门区域和小型球门以及4~6个球。

训练过程

- 在这个比赛，运动员在起射线前按照指定传球顺序（1~5）向小型球门射门。
- 前锋快速从球门捡回球，然后站到自己组最后一名运动员的后面。
- 每组都分别从左边和右边开始训练。
- 合计进球分数。

执教技巧

- 可以根据运动员的能力设置运动员与球门距离。
- 目的是在时间压力下干脆利落地传球或者射门。
- 因为运动员的目的是尽可能射门同时赢得比赛，因此他们必须学会平衡速度和准确性（准确性比速度更重要！）。

6.2.7.4 背后3v1+1对抗

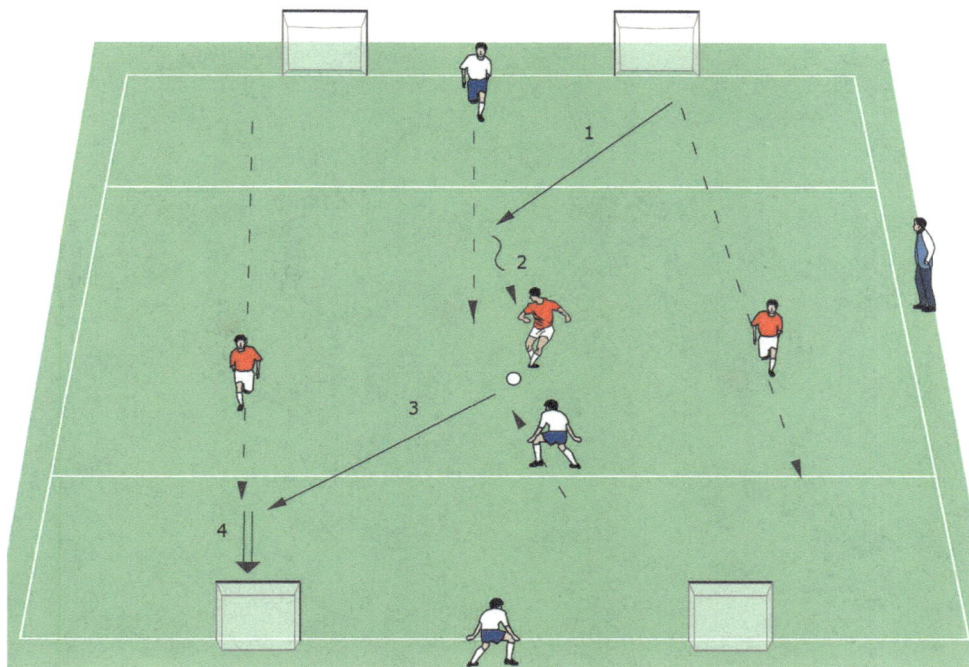

设置

比赛场地大约25米×34米，4个小型球门，每组有3名运动员和1个球。

训练过程

- 进行3v1对抗训练。
- 前锋第一次触球之后，另一名防守运动员站在前锋后面2~3米的位置加入训练，3名前锋相互配合，完成射门。
- 第3名防守运动员在下一次进攻中会被替换下场休息。他可以在起跑线位置等待。

执教技巧

- 改变额外防守者的距离和开始位置会增加进攻者的难度。进攻者必须发现和适应比赛的新情况。
- 避免无法获得空间的不必要传球。
- 防守者（最好直接在对方运动员行动空间的前面）加入训练时进行最后的传球。
- 控球的进攻者必须考虑防守者的行动、正在跑动的防守者的方向，以及自己队友接球的位置。

6.2.7.5　背后3v1+2对抗

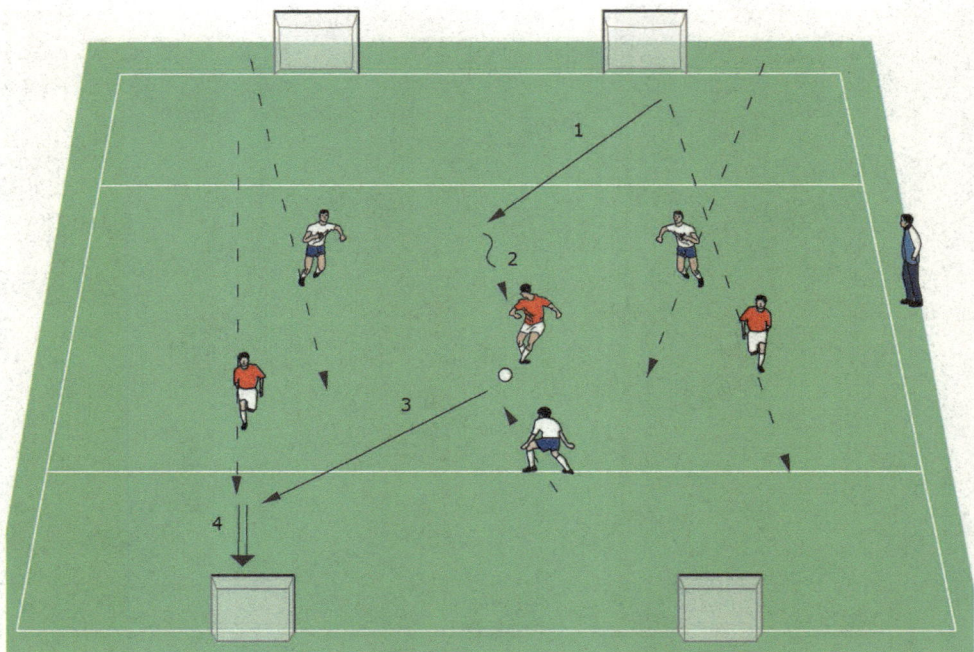

设置

比赛场地：大约25米×34米，4个小型球门，每组有3名运动员和1个球。

训练过程

进行3v1对抗训练。两名其他防守者加入训练向进攻者施压。根据运动员的年龄和能力，他们在进攻者背后2~3米的位置开始进攻并尝试获得控球权。

执教技巧

- 其他两名额外的防守者协助防守者向进攻者进一步施压。这个比赛可以训练运动员在时间压力和防守者进一步施压的情况下更快速且准确地传球和跑向自由空间射门的能力。

- 防守者的位置必须经常改变，这样可以提高进攻者的感知能力以及适应防守者行为的进攻方式。

6.2.8　学习阶段8：比赛形式

简介

如果运动员无法在面对空间、对手和时间压力的复杂比赛情形下踢球，那么即使世界上最好的射门技术也派不上用场。这就是必须尽可能模拟比赛压力进行特定比赛形式的射门训练的原因。在双倍罚球区大小的场地里包含射门的比赛形式非常适合这种训练。运动员可以相当快地学会如何预测并发现、准备和利用射门的机会。

在罚球区内，大多数情况下可以采用一次或者二次触球的方式射门。现代射门训练的原则性目标是实现一次触球射门的技术不断完善，以及一次触球后的完美控球。向前锋进行最后一次准确的传球（"致命传球"）也一样重要。

增加难度

必须逐渐增加对手压力。最好是从单边比赛形式开始。可以使用单边固定的球队或者有中立运动员参加的训练（例如，4v4+4名中立运动员）。

接着，球队人数必须是均等的，这样可以向进攻者不断施压，直到最后开始双边球队比赛。

6.2.8.1　采用小球门的2v1对抗（青少年足球运动员的单边比赛形式）

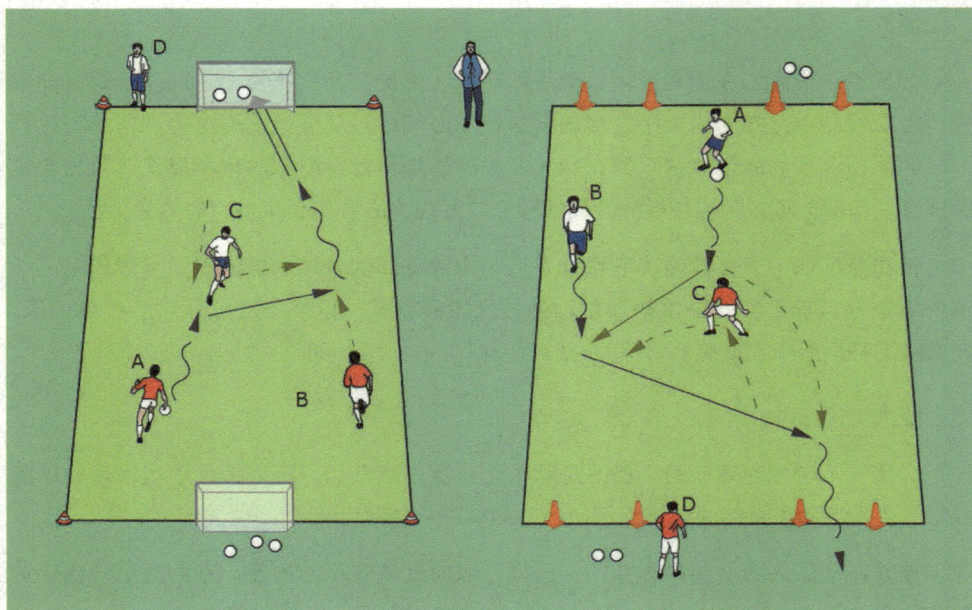

设置

比赛场地大约是10米×15米，每组2名运动员，比赛时间最长为2分钟。

训练过程

- 运动员A和运动员B一队与运动员C进行2v1对抗训练，运动员D稍作休息等待训练。
- 如果射门得分，那么得分的前锋必须离开场地并站到自己球队的球门后面。
- 接着运动员D与运动员C一队进行2v1对抗训练。
- 在一组一人的运动员可以单独射门，而只当一组两人的运动员射门之后才可以改变运动员的人数。
- 看哪一组在5分钟内射门得分最多。

学习目标

- 小组比赛的基本目的（跑向自由的空间，传球的时机）。
- 在对手的压力之下射门。
- 进攻型和防御型抢球。

6.2.8.2　设置1个球门的4v2对抗训练

设置

比赛为罚球区，4名进攻者，2名防守者和1名守门员。

训练过程

- 4名进攻者从罚球区边缘开始进攻，同时以相互传球的方式尽可能频繁和有效地尝试射门。
- 因为失误而导致控球权丢失的运动员必须与防守时间最长的防守者交换位置。

执教技巧

- 完成进攻之后，守门员可以将球滚向或者扔给场外的一名运动员。
- 如果进攻者犯错，相关的运动员必须快速交换标志背心。

变化

有几种方式改变进攻者与防守者的比率。教练可以设置单边球队，这样进攻者就可以尽可能多地射门。

- 4v1对抗训练（对于进攻者而言，训练难度较小）。
- 4v3对抗训练（对于进攻者而言，训练难度较大）。
- 5v2对抗训练。
- 5v3对抗训练。
- 6v4对抗训练。

6.2.8.3 4v1远射比赛

设置

比赛场地的大小是罚球区的两倍，2 个有守门员防守的球门，两支由 4 名运动员组成的球队。

训练过程

只有从球队自身半场（在罚球区之外）射门才是有效进球。进攻球队的 4 名运动员与在对方球队的半场里面拦截抢球的 1 名运动员进行对抗训练。如果拦截抢球的运动员抢到球，那么他可以将球传给自己半场的队友。

执教技巧

- 防守球队必须以灵巧的移位方式切断射门的路线。
- 必须不断地改变拦截抢球的运动员。

6.2.8.4 有一个球门的4v4+4名接传球者

设置

比赛场地为扩大的罚球区，1个有守门员防守的球门，3支由4名运动员组成的球队。

训练过程

两支球队在比赛场地进行4v4对抗训练。第三支球队的4名运动员作为场地外的接传球者。在赢得控球权之后，运动员必须在开始射门之前将球传给场外的运动员。所有运动员相互之间进行对抗训练。

比赛时间：5分钟。

变化

- 限制触球的次数（只可以使用脚外侧触球一次，使用脚内侧触球两次）。
- 球队与场外运动员合作传球射门可以得2分。

6.2.8.5 在两倍罚球区的场地里进行4+4v4+4训练

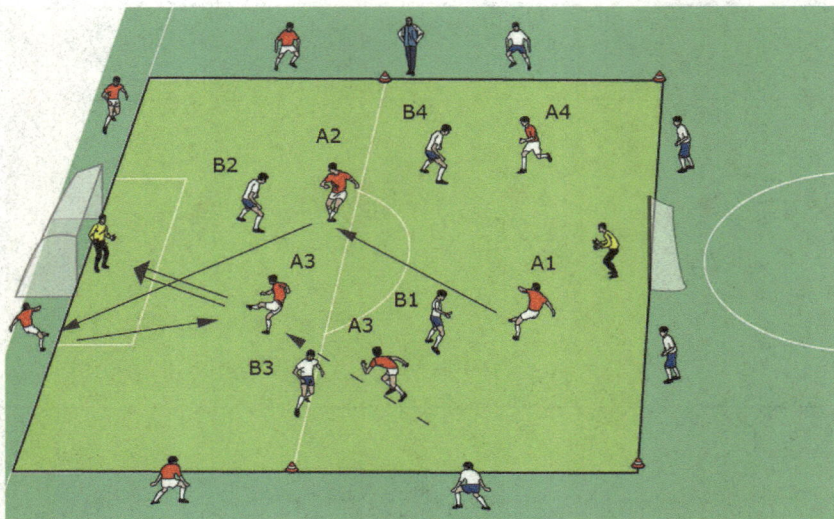

设置

两倍罚球区大小的场地，在场地内进行4v4对抗训练，每支球队的2名运动员站在对方球门后面，2名运动员站在对方球队半场的边线位置。

训练过程

球队在两倍罚球区大小的场地中进行训练。球队自己的场外运动员均等地分散站在边线后面。场外运动员彼此之间不可以相互传球。

变化

- 4v4+2名站在球门后面的中立运动员。
- 4v4+2名站在底线位置的中立运动员。
- 从球队自身半场远射进球可以双倍得分。
- 场外运动员相互之间可以传球。
- 限制场内运动员的触球次数（3次、2次或1次触球）。
- 至少有一名场外运动员加入进攻才是有效进球。

执教技巧

- 比赛鼓励采用二过一技巧。
- 鼓励靠近球门的场外运动员使用远射。